たった
これだけ!?

幼少期・小学校低学年の子どもが

短期間で劇的に変わる!

多賀少年野球クラブ
魔法の練習テクニック

辻 正人 著
[多賀少年野球クラブ監督]

はじめに

多賀少年野球クラブには現在、120名を超える子どもたちが所属しています。そして今もなお、練習の体験や見学を希望するご家族からの問い合わせがたくさん来ている状況です。昨今の野球界では競技人口の減少が深刻な問題とされていますが、そんな中で毎年部員数が増え続けている私たちの現状はかなり恵まれていると言えるでしょう。

では、なぜ私たちのところには人が集まるのか。もちろん、そこにはさまざまな要因が重なっていますが、特に大きなきっかけとなったのは数年前に始めた「幼児野球」です。そして、どんな年齢だろうと初心者だろうと誰でも受け入れ、全員を必ずしっかりと育成する。そのスタイルが受け入れられているのではないかと思います。

当たり前のことですが、野球チームは人がいなければ成立しません。どんなに強いチームであっても、どんなに良いチームであっても、そこに人が集まらなくなれば存続は危ぶまれてしまいます。そんな野球というスポーツの将来を考える意味でも、カギを握っているのは「低年齢の子どもたちを楽しませながら育成できるかどうか」だと私は思います。実際、冒頭で述べたように体験や見学の希望者が殺到するようになったのは、私が「子どもが野球を始める段階でどれだけ好きにさせるか」という部分を意識し、幼児や初心者への指導に力を入れ始めてからのことです。それもただ「楽しませる」というだけではなく、しっかりと「上達させる」というのがポイントでした。

と言うのも、私たちは以前から、グラウンドを訪れた低年齢の子どもたちに「楽しい野球」を伝えてはいたのです。しかし、彼らにはあくまでもボールを使ってワイワイ楽しませているだけで、それによって野球が上手くなっているというわけではなかった。これは、言ってしまえばただ遊んでいるのと同じで、家でゲームを楽しむのと意味合いは変わりません。また少年野球において、特に幼児や初心者の場合は子どもが自ら興味を抱いて野球を始めるケースは少なく、親が「野球をやらせたい」と考えているケースが大半です。要は、子どもがいくら「楽しいから野球がしたい」と言っても、実際に道具を揃えたりグラウンドへ連れてきたりするのはその親なので、親が「そこにお金や時間や労力を費やす価値があるかどうか」を考え、最終的に「そのチームに入るかどうか」も決めるのです。単純に子どもが楽しいだけで良いのであれば決して野球である必要もないわけですから、私たち指導者は当然、その親子の想像を超えるような指導をして魅力を伝えなければなりません。「野球をやったらこんなに成長するんだ」「しっかりと育成してもらえるんだ」という部分を見せなければならないと思っています。

私は子どもの育成指導をよく「ドミノ倒し」に例えています。小さな体で大きな壁を直接倒すことはできませんが、自分と同じか少し大きいくらいの壁であれば倒せる。ということは、その先にもう少し大きい壁、さらにもう少し大きい壁…というようにちょっとずつ壁を大きくして並べ、順番に倒していけば、最終的に大きな壁を倒すことができます。言い換えると、その子が乗り越えられる練習を設定して、そこを倒せば自然と大きな目標に辿り着くようにしてあげればいい。指導者の役割というのは、最初にポンッと倒してあげるだけで勝手にバタバタッとドミノが倒れていくように、壁の大きさを上手く調節しながらドミノの道を作ってあげることです。そして、最初のドミノを倒す動作にあたるのが、野球のスタートである幼児や初心者の段階。ここでしっかりと上達させてレベルを「0」から「1」へと引き上げることができれば、あとはドミノの並べ方次第で自然と上手くなっていくわけです。さらに、そこからの成長曲線――ドミノが順番に倒れながら加速していくところを見るのもすごく面白いですし、幼少期から手塩にかけてきた子どもたちが小学校高学年まで上がって「こんなことまでできるようになったのかぁ」と感じられるのもまた楽しみな部分。親にとっても私たち指導者にとってもやはり、「子どもたちがどんどん成長していく姿を見られる」ということが少年野球の大きな醍醐味なのです。

ありがたいことに私たちのチームへ体験に来た子どもたちは、9割以上がそのまま入部しています。決して強制しているわけでもないですから、これは野球を始める幼児や初心者の段階でその親子をしっかり満足させてあげられている、ということだと思います。そう言えるだけの自信がありますし、このカテゴリーの育成指導こそが、現在の多賀少年野球クラブの大きな柱です。たとえば、チームの人数が少ないからと言って小学校4・5・6年生に声を掛けても、現実的に「今からチームに入って野球を始めよう」という子どもは少ないでしょう。一方、低年齢の子どもに野球を始めさせるのは、決してハードルが高いわけではありません。そして、小さいうちから「野球が楽しい」と思わせ、なおかつしっかり上達させていけば、その子どもたちはそのままチームに残り、学年が上がって最後はチームを支える存在になってくれます。

低年齢の子どもたちが野球界を救う。みんながそこに目を向けて幼児や初心者の育成に力を入れていけば、野球の可能性がもっと広がっていくのではないかなと思っています。

多賀少年野球クラブ
監督　辻正人

UNDER ARMOUR
ZEPRO
CVTF

CONTENTS

目次

第1章

第3章

「低年齢の育成が野球界を救う」
チームを活性化させる"辻流"発想力

装丁・本文デザイン／浅原拓也
構成／中里浩章
写真／阿部卓巧、福地和男
カバープロフィール写真／PRIVATE SALON afri
動画編集／ライトハウス

第1章

「レベル0からレベル1へ」

幼児&初心者の育成メニュー

まずは守備を鍛えて不安や恐怖を取り除くこと 失敗を失敗だと思わせずに成功体験を積ませる

私たち多賀少年野球クラブは、基本的には学年ごとにチームを作り、全員ができるだけ同じグラウンドで過ごせるように練習メニューやスケジュールを上手く組み合わせながら活動しています。ただし幼児から小1までの子、また小学校低学年の初心者の子などは例外です。このカテゴリーについては野球における大切な導入部分の「特別期間」だと考えているので、「幼児野球」や「初心者体験」と称して、全体練習を行っているグラウンドとは別のスペースを使い、私と岡俊彦コーチの2人で直接指導をしています。私たちのホームグラウンドである滝の宮スポーツ公園の場合であれば、グラウンドの上にあるテニスコートが活動場所。周囲をフェンスで囲まれているので、小さい子どもたちの遊び場を開放しているような感覚になります。

ここで勘違いしてほしくないのですが、私たちが行っている「幼児野球&初心者体験」は、子どもたちに野球を楽しんでもらうだけのものではありません。本当の目的は「楽しませながらもしっかりと育成して、小さいうちに野球の技術の土台を作ってしまうこと」です。実際のところ、この「特別期間」では練習を土日と祝日のみ、それも1日1時間半~2時間程度に限定していて、保護者の付き添いが条件。付き添えない場合は休んでも構わないですし、付き添える時間だけ参加してすぐ帰るという形でも良いですし、欠席も遅刻も早退も自由だと伝えています。また、練習も決してビッシリと隙間なく詰め込んでいるわけではなく、1つのメニューを10~15分ほどやったら休憩するなど、小まめに間を空けてゆとりを持たせています。体を動かしている時間だけで言えば、実質1時間ちょっと程度ではないでしょうか。しかし、そんな状況でも1つのメニューをやる前とやった後では子どもたちの動きが全然違いますし、1日体験しただけで驚くほど上達していきます。そして半年もやれば、こちらが基準だと考えているレベルには必ず全員が到達します。こうした低年齢の子どもたちへの育成指導は現在、多賀少年野球クラブを支える大きな柱となっており、私の自慢の1つでもあります。そして一定のレベルまで来たら、初心者はもう卒業。テニスコートからグラウンドへ降りて、低学年のチームの全体練習に参加させていきます。

では、基準のレベルは具体的にどこなのかと言うと、小学校低学年のバッターが放った打球（ゴロや小フライ）をしっかり捕れるかどうか。また、完璧ではなかったと

「幼児野球＆初心者体験」は、主に滝の宮スポーツ公園のテニスコートや体育館などのスペースを使用。チームの合言葉「世界一楽しく！　世界一強く！」のもとで、幼児や初心者のうちから野球の楽しさを感じさせながらしっかりと育成する

してもある程度、ボールを狙った方向へ投げられるかどうか。これはつまり、私たちのチームの土台として考えている通常の全体練習「アーム式マシンを使った1か所バッティング」（144ページ参照）に入っても危なくないレベルかどうか、ということです。

子どもが野球を始める際、最初に考えなければならないことは「不安や恐怖を取り除いてあげること」です。当然のことですが、自分に向かって飛んできたボールが体に当たったら痛い

ですし、ケガをしてしまうかもしれません。その不安や恐怖によって子どもは思い切り動くことができなくなり、技術の上達も妨げられてしまいます。では、逆にどんなボールが正面に来ても処理できる能力を持っていたらどうでしょうか。心に余裕があるので積極的に動いてボールを捕りに行けますし、また「危ない」と感じた場合もすばやく反応して避けることができるはず。そして、いろいろな体の使い方を覚えてどんどん上手くなっていくでしょう。

自分の体を「守」るための準「備」ができているかどうか。それが「守備」であり、幼児や初心者の場合は徹底的に「守備」を鍛えることが上達の1歩目となります。特にゴロ捕りやフライ捕りが重要で、その次にボールを投げること。バッティングは本当に二の次と言えます。そして、少しでも早く「捕る」「投げる」という技術を身につけさせ、通常練習をしても不安や恐怖を感じないレベルまで持って行き、元気よくグラウンドでの全体練習に送り出してあげることが「幼児野球&初心者体験」での私の役割。その途中の段階でキャッチボールなどをするとやはり恐怖心が芽生えてしまうので、保護者（特にお父さん）には「まだキャッチボールはしないでくださいね」と伝えています。

ちなみにグラウンドで学年ごとのチームに入ってからは、1学年上や2学年上のチームに入れたり元のチームに戻したりという選手の入れ替えをすることもありますが、その判断基準もやはり守備のレベルです。小学生の場合、グラウンドを行き交うボールのスピードが学年によってまったく違います。1〜2年生なら小フライを捕れるくらいで十分ですが、3〜4年生であれば少し速いゴロやライナー、高いフライを捕らなければならない。そして5〜6年生であれば、鋭い打球や送球をパッと処理しなければなりません。

と、大まかに育成の話をしましたが、幼児や初心者の指導でもう1つ考えなければならないのは、「失敗を失敗だと思わせないこと」です。特に「幼児野球＆初心者体験」のメニューでは、基本的にはポンポンと連続でボールを出したり、また1人ずつの間隔をギュッと詰めたりして、失敗しても「あ〜、失敗した」などと考える時間すら与えないようにしています。そもそも小さい子の場合、失敗しても最初はそれが失敗だと思っていないはず。しかし、多くのケースではそこで周りの大人に「それはアカン」「失敗や」と言われてしまうため、自分でも「今のは失敗なんだ」と初めて気付くわけです。

逆に普段から「失敗のプレー」を当たり前のように流しておけば、子どもたちは何も気にすることなく積極的に取り組んでくれます。ゴロやフライは捕れないのが当たり前。ボールを上手く投げられないのが当たり前。バットを振ってもボールに当たらないのが当たり前…。捕球で言えば、「しっかり捕る」ということを求め続けるのではなく、「捕れない」ということをやり続けながら「しっかり捕れた」という奇跡を待つ。そういう感覚で練習を進めています。そして、いざ成功したときには「おぉ～、できた～!」「上手～い!」「すごいなぁ!」「天才や～!」などとメチャクチャ盛り上げると、子どもたちの頭の中には褒められた記憶だけが強く残る。そういう成功体験の積み重ねによって「楽しい」「もっと上手くなりたい」という感情が生まれ、子どもたちの野球への好奇心に火がついていくのだと思います。

ここからは、多賀少年野球クラブの「幼児野球＆初心者体験」で行っている育成メニューの基本的な流れを紹介していきます。あくまでも定番となっているものだけですが、基本メニュー❶～⓫をひと通りやるだけで子どもたちの技術はかなり上達します。また、追加メニューの４つは毎回必ず行うものではありませんが、子どもたちの技術をさらに伸ばす上ですごく役立ちます。ぜひ参考にしてみてください。

基本メニュー❶ ゴロを捕る（足固定）

まずは目印（移動式の本塁ベースなど）の上に子どもを立たせ、足を開いて横向き（右投げの場合は左向き）になってもらいます。そして、グラブを前足の横に出してフォアハンドで構えを固定させたら、指導者がそこへ向かってボールを転がしてあげます。幼児や初心者の場合、転がってくるボールを自分からグラブで止めたり、またグラブでボールをつかむという行為がなかなかできません。だからこそ、勝手にボールがグラブの中に入ってくるように投げ手が調節し、ボールをつかむだけで捕れるようにしてあげることが大切なのです。「転がってきたボール（ゴロ）を簡単に捕れるんだ」という感覚を味わわせることが、野球の育成における第一歩となります。

また、フォアハンドができたら、次は体の向きを変えてバックハンドを行い、その後は正面を向いてフォアハンドとバックハンドを行います。最初から正面で構えるとボールとの距離感が分かりにくくなってしまうので、まずは横向きから。そういう順番にすることで、子どもたちにとってはボールの軌道が見えやすくなります。なお、複数の子どもが練習する場合は、本塁ベースを横一列（やや扇形）に並べると良いでしょう。端から順番に転がしてあげることで待ち時間がなくなり、ポンポンと効率よく進めることができます。

横向きに構えて
バックハンドで
ゴロ捕り

横向きに構えて
フォアハンドで
ゴロ捕り

正面で構えてフォアハンドでゴロ捕り

正面で構えてバックハンドでゴロ捕り

基本メニュー❷ゴロを捕る（前進）

転がってきたボールをつかむという体験をある程度させたら、続いてはゴロの捕球に動きを加えます。目印の位置からスタートして子どもを前へ走らせ、指導者はそこへ向かってボールを転がしていきます。捕球したらそのまま真っすぐ走って投げ手のところにあるカゴ（またはバケツ）の中にボールを入れるように促し、ダッシュで元の位置へ戻らせていきます。子どもに「急いでカゴにボールを入れよう」と意識させることにより、「捕る」という行為そのものが目的ではなくなり、カゴに入れる過程の動作として自然にボールを捕れるようになってきます。

前進しながらゴロを捕ってそのままカゴへ入れる

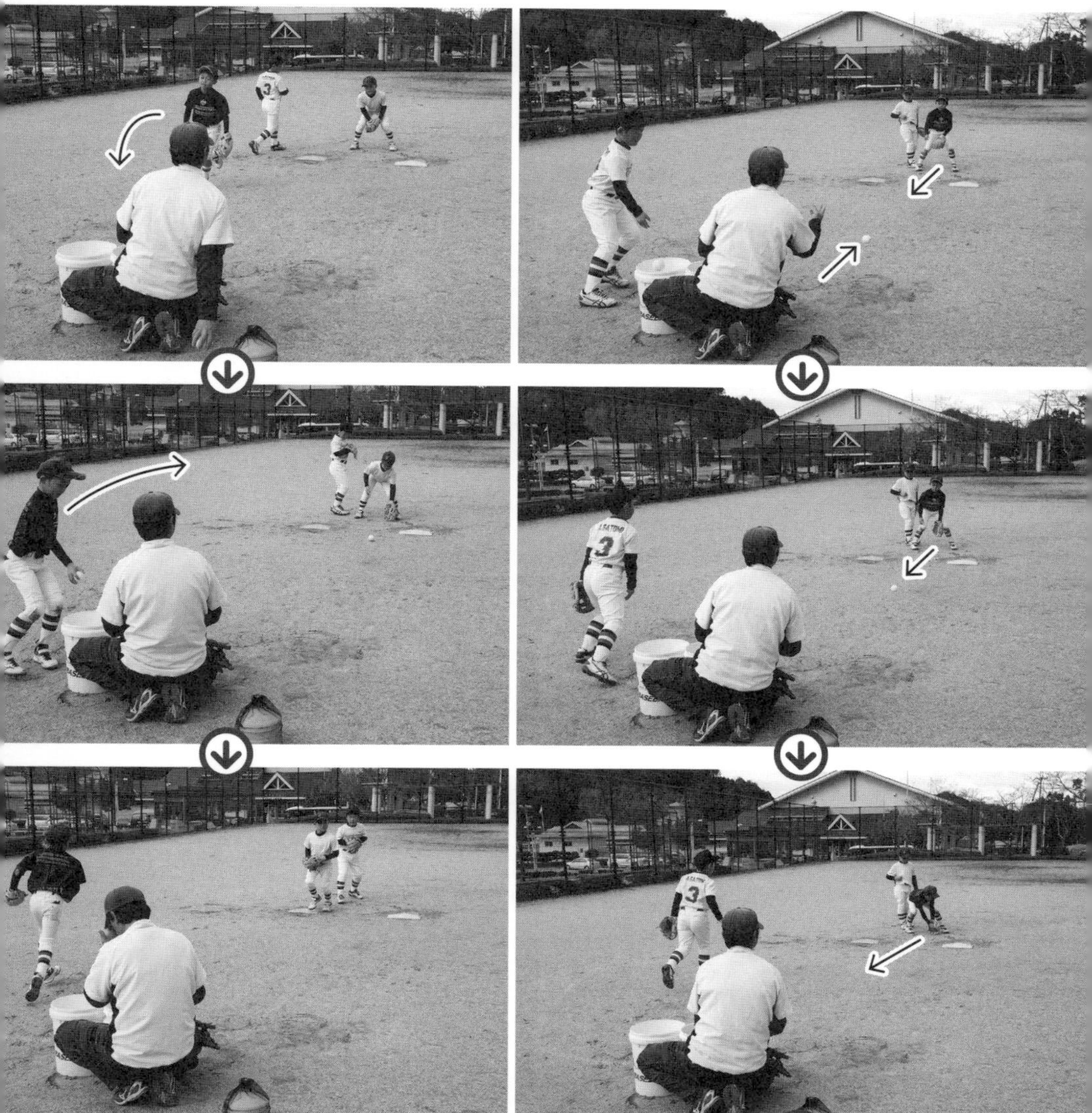

基本メニュー❸ ゴロを捕る（前進＋競争）

次は2列になって競争をします。子どもたちは「よーい、ドン！」の合図でスタート。指導者はボールを2つ持って同時に転がし、捕ったら急いで走ってカゴの中へ入れるように促します。最初は正面にコロコロと転がしていきますが、子どもたちが慣れてきたら今度は体の横に転がしたり、少しバウンドをつけたり、ボールを1つに減らして2人で奪い合う形にしたりと、バリエーションを増やしていきます。競争心を煽って「自分が捕りたい」という積極的な気持ちにさせることで、子どもたちは怖がらずにボールへ向かっていけるようになります。

前進しながらゴロ捕り+カゴ入れで競争する

基本メニュー❹フライを捕る（足固定）

続いてはフライの捕球。子どもには足を開いて横向き（右投げの場合は左向き）になってもらい、目の前にカゴ（またはバケツ）を置いておきます。そして、グラブを顔の横に上げてフォアハンドで構えを固定させたら、指導者がそこへ向かってノーバウンド（小フライ）でボールを下から放り込んであげます。ゴロの場合と同じく、子どもたちは自分でグラブを動かして捕りに行こうとしてもボールに当たらないことが多いもの。また、当たったとしてもしっかりグラブの面にボールが入るとは限らず、さらにタイミングよくつかむということもなかなかできません。したがって、まずはグラブを上げた状態で固定しておいて、投げ手が上手く放り込んであげることで、「空中を飛んできたボール（フライ）をタイミングよくつかんで捕る」という感覚を体験させることが大切です。そして、捕れたボールはカゴの中へ入れさせていきます。

特に幼児や初心者の指導では、失敗しても本人に「失敗した」と思わせないことが重要です。目の前にカゴやバケツなどを置いておくと、ボールを落としても今度は「カゴ（バケツ）の中に入った」という楽しさが生まれるため、子どもたちに「捕れ

横向きに構えてフォアハンドでフライ捕り

なかったから失敗」という感覚を与えずに済みます。さらに、わざわざボールを拾う必要がなくなるので、次から次へ、ポンポンと反復して効率よく成功体験を積ませることができるのです。この練習もゴロ捕球と同様、フォアハンドの後は逆向きになってバックハンドを行い、その後は正面を向いてフォアハンドとバックハンドを行います。横向きから始めることでボールの軌道が見えやすく、距離感をつかめるようになります。

横向きに構えてバックハンドでフライ捕り

正面で構えてフォアハンドでフライ捕り

正面で構えてバックハンドでフライ捕り

基本メニュー❺フライを捕る（ペッパーゲーム）

小フライである程度ボールをつかめるようになったら、今度は降ろしている手を上に動かして、自分から捕りに行くことを覚えさせます。子どもを壁際に立たせて、指導者は上下左右とランダムにボールを下から連続で放っていきます。子どもには「ボールは捕らなくていいから、全部ブロックして後ろへ行かせないようにする」という目的を伝えます。時間設定は体力にもよりますが、目安は1人30秒ほど。もちろんミスが出るのは当たり前なので、失敗は気にしません。子どもたちはゲーム感覚で楽しみ、「手で止めるだけ」「グラブに当てて落とすだけ」という意識でとにかく自分から動いて捕りに行くようになります。最後はなりふり構わず、グラブ側の手だけでなく素手のほうも伸ばして止めようとしますが、それでも構いません。腕を上げる筋力トレーニングにもなりますし、ボールに対して怖がらず積極的に向かっていく姿勢も生まれてきます。

ランダムに来る小フライを連続ですべて止める

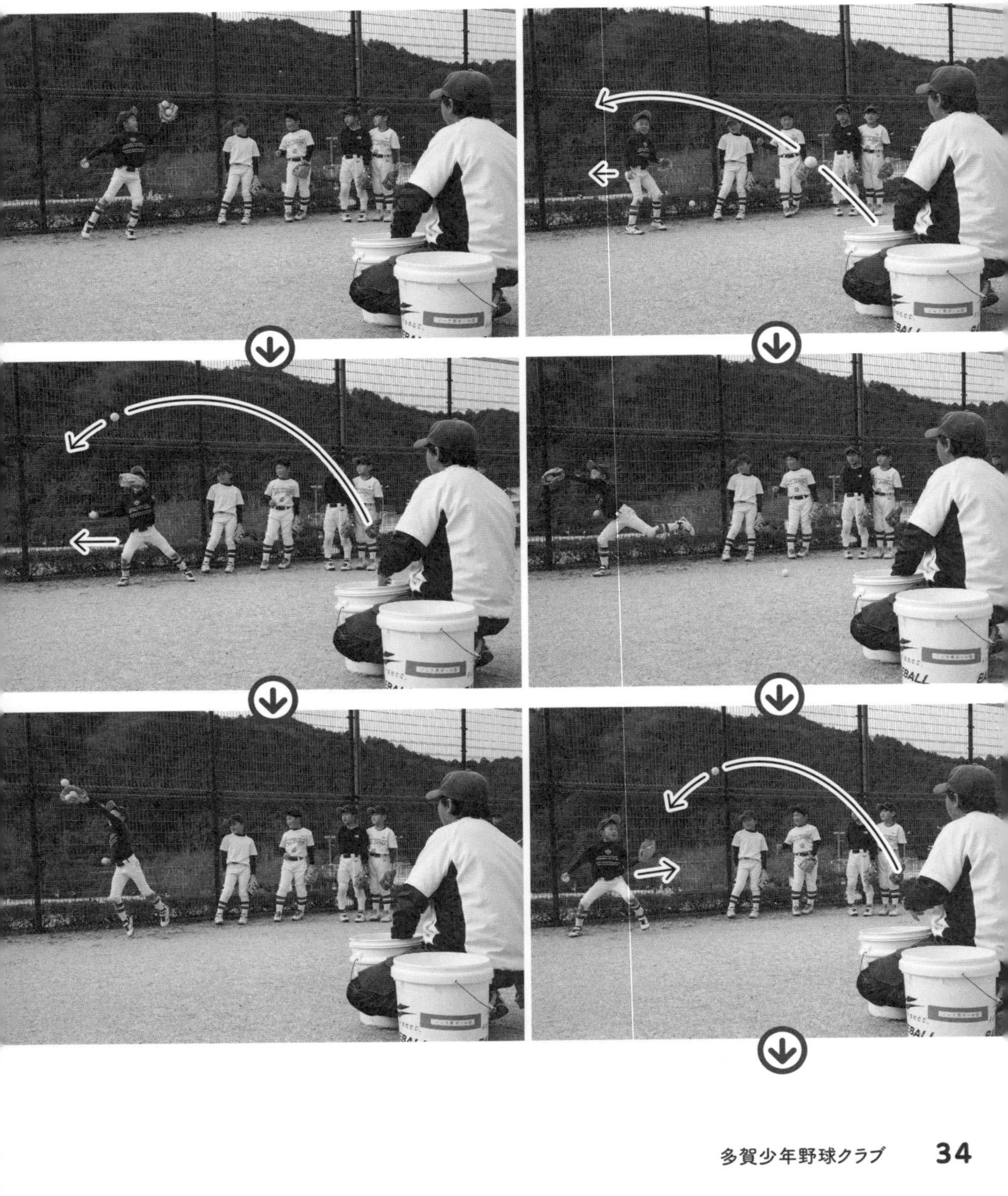

基本メニュー❻ フライを捕る（横移動）

フライに対してグラブを出す感覚を養ったら、次は動きの中でボールを捕る練習へ移ります。左右2か所に目印を設定し、子どもを左から右へ、また右から左へと往復で走らせていきます。そして、ちょうど中間あたりのタイミングに合わせて指導者がボールを下から放り、子どもは横に動きながらボールを捕っていく。野球というのは動きの中でボールを捕らなければならないことが多いため、それが自然とできるように感覚を染み込ませていくわけです。右投げなら左側へ走るときにフォアハンド、右側へ走るときにバックハンドで捕っていきます。

左右往復で走りながら小フライを捕る

基本メニュー❼ フライを捕る（縦移動）

横の動きの次は縦の動きです。子どもを目印の上に立たせ、横向きに構えてもらいます。そして指導者は、その位置から2歩分くらい後方へボールを放ってあげる。子どもには先に1～2歩スタートを切らせて、体を横向きにしながら後ろへ走ってボー

横向きから真後ろへ走って
フォアハンドでフライを捕る

横向きから真後ろへ走って
バックハンドでフライを捕る

ルを捕るように促します。後ろのフライを追うとき、最初に正面を向いて構えていると、子どもはどうしても体の向きを切り返せず、背中側へ真っすぐ後退してしまいます。これではしっかり追いかけられないので、走りやすいように最初から横向きでスタートすること。また、遠くへボールを放ると難しくなってしまうので、幼児や初心者の場合は「1~2歩走り出したらボールがそこに飛んできて簡単に捕れた」くらいの距離感がちょうど良いと思います。右向きと左向き（右投げの場合は右向きがバックハンド、左向きがフォアハンド）をどちらも行います。この練習の一番の目的は「後ろのフライを捕ること」ではなく、「打球の追い方を身につけること」。ボールを見ながら後ろへ走れるようになれば自然とフライも捕りやすくなり、子どもにとっては相当な自信になります。

基本メニュー❽ ボールを投げる（バネ投げ）

ここまでの流れで「捕る」という動作の基本的な技術は身につけられます。それらをひと通り体験させたら、次はネットやフェンスなどに向かってボールを「投げる」

という技術に移ります。幼児や初心者は「小さいボールを投げる」という動作をほとんどしたことがないため、「とりあえず自分が思うようにやってごらん」と言ったところで、そもそも体を回しながら腕を振ることができません。ですから、最初の段階で指導者が形を作ってあげる必要があります。最近よく子どもたちに伝えているのは、BBMC相澤一幸氏から指導を受けた「バネ投げ」(筋肉を使うのではなく、腱によるバネを利用した体の使い方をすることから命名)です。なお、以前までは次のようなやり方で「ボールを投げる」という動きを教えていました。

＜まずは横向きになり、両足を肩幅くらいに広げて固定。右投げの場合、投げる方向に対して右足を直角に向け、左足は右足のカカトから目標に向かって真っすぐ延ばしたライン上に着く。そして、ボールを頭の後ろにくっつけ、グラブを腰に当てる。この状態からスタートし、左肩を軸にして右肩がそれを追い越していくように体を前へ回していくと、スムーズに腕を振ることができる。指導者のサポートとしては背中側から両肩を押さえ、肩甲骨を引き寄せるようにグッと入れて正しいポジションを作ってあげること。さらに、前の肩を支点にして後ろの肩をポーンと出せるように体を上手く回してあげることが大切。慣れてきたら一人で投げさせ、5メートルほど先に設定した目標物（バケツやネット、大人のキャッチャーなど）を狙いながら感覚を養わせていく〉

この方法でもしっかりとボールを投げる動作を身につけることはできますし、実際に第2章ではその定番メニューを使って指導している様子も紹介しています。ただ、私はいろいろな方法を試してきた中で、「バネ投げ」のほうがさらに有効だなと実感しています。

簡単に言うと、まずはボールを持たず、「1：三角形を作り、体を捻ってから回して投げる」「2：体を回して投げるときにお辞儀をする」「3：前足に体重を乗せた状態を作ってから体を回して投げる」「4：両手を体の前で構えてから腕を回して投げる」という4段階（写真参照）の動きを行います。低年齢の子どもはボールやグラブの重さに負けて形が崩れることも多いので、まずはしっかりと動きを身につけていくわけです。そして、その後でボールを持ち、今度は同じ動きをしながら実際に投げていきます。これを順番にやっていくと、以前のように「左肩を軸にして右肩が追い越していく」など

①ボールを持たずに動きを身につける

1：三角形を作り、体を捻ってから回して投げる

正面を向き、頭の後ろで両手を組んで三角形を作る。これがちょうど投げるときの腕の角度

肩幅より少し広めに足を開き、グラブ側の腕を下ろす

両足を固定したまま体をグッと後ろへ捻っていく

体をしっかり引いても手は頭の後ろにつけたままキープ

捻った状態から体を回していく。投げるときに目線が下へ落ちてしまわないように注意

自然な位置で腕を振り切る

2∶体を回して投げるときにお辞儀をする

正面を向いて足を開き、頭の後ろで両手を組んで三角形を作る

グラブ側の腕だけを下ろす

両足を固定したまま体をグッと後ろへ捻っていく。前の肩が下がらないようにアゴに寄せる

体を回して腕を振りながら、しっかりとお辞儀をする。投げる動作のスタートとゴールを決めておくことで、その途中の腕の振りは自然と良い形で通過する

腕を振り切った反動で戻ってきたときの形（お辞儀の形）をしっかりと覚えておく

お辞儀の形では、腕が投げる方向へ真っすぐ伸びていることが大事。右投げなら左肩、右肩、右ヒジ、右手が一直線になっていれば、両肩をしっかり入れ替えて投げられていると言える

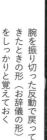

3：前足に体重を乗せた状態を作ってから体を回して投げる

頭の後ろで両手を組んで三角形を作り、両足のカカトをくっつけて直角にする

グラブ側の腕だけを下ろし、前足を少し前へ出しておく

体を後ろへしっかり捻りながら、前足に体重をグーッと乗せていく。ここで前肩が下がらないようにする

前足に体重が乗った状態からスタートし、体を回して腕を振っていく

体の前側に支点ができているので、自然と後ろ肩が前へ出て前肩を追い越し、腕がしっかり振り切れる

投げ終わった後はお辞儀の形。腕が投げる方向へ真っ直ぐ伸びていく

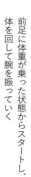

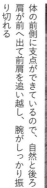

4：両手を体の前で構えてから腕を回して投げる

グラブを持ち、体の前に両手を出して
ノーワインドアップの形で構える

両腕をしっかり回しながら体を後ろへ捻り、
前足にグーッと体重を乗せていく

腕を回しても、手の位置や体の捻り方などが正しい形で通過することが大事。前足に体重をしっかり乗せて、前肩が下がらないように注意

前足に体重が乗った状態から体を回して
腕を振っていく

自然と後ろ肩が前へ出て前肩を追い越し、
腕がしっかり振り切れる

投げ終わった後はお辞儀の形。腕が投げる方向へ
真っすぐ伸びていく

②実際にボールを投げる

1:正面を向いて三角形を作って体を捻り、投げた後のお辞儀の形を意識する

2:前足に体重を乗せた状態を作ってから体を回して投げる

3:両手を体の前で構えてから下げて、左手を腰につけ右手を振り上げて投げる

実際にボールを投げる場合、「相手にしっかり投げよう」「あの辺に投げよう」などと的を狙っていると、ボールの行方が気になってフォームが崩れてしまう。まずは正しい動きを身につけることが大切なので、短い距離でネットや壁などを目掛けて行うと良い。いずれも、体をしっかり捻りながら「グラブは腰・ボールは頭の後ろ」で前足に体重を乗せた形（写真３枚目）を通過し、お辞儀の形（写真６枚目）で終わっているかどうかがポイントだ

と意識しなくても、自然と体の左側を支点にしながら両肩を入れ替える感覚が身についてくるので、非常にスムーズに体を回して腕を振れるようになっていきます。

基本メニュー❾ ボールを投げる（ステップ＆助走）

体を回してボールを投げる感覚が分かってきたら、次は距離を少し長くしてステップを入れます。横向きの状態で「グラブは腰・ボールは頭の後ろ」というスローイングの形を崩さないようにしながら2～3歩ほどサイドステップで進み、勢いを利用して一気に体を回して投げていくのです。ステップ時にはできるだけお腹を正面に向けないようにして、投げるときには前の肩を軸に体を回して後ろの肩が追い越していくことが大切になります。

また、強く投げられるようになってきたら今度は投げる距離をさらに延ばし、サイドステップの前に助走（ダッシュ）をつけてより勢いをつけていきます。助走のときは両手を下に降ろし、サイドステップに移るときにスローイングの形を作っていくことで、本人が自然とタイミングよくテークバックを取れるようになっていきます。

サイドステップをしてから体を回して投げる

基本メニュー⑩ 捕る+投げる

ボールを「捕ること」と「投げること」を順番に積み重ねたら、最後に2つの動作をつなげていきます。指導者が斜め前からボールをコロコロと転がし、子どもには前へ走らせながら捕球させます。そしてボールを捕ったら「グラブは腰・ボールは頭の後ろ」というスローイングの形を作り、サイドステップから体を回して目標(ネットや大人など)へ向かって思い切り投げさせる。これを反復することで「動きながらボールを捕り、しっかりステップをして投げる」というゴロ処理の一連の流れができていきます。幼児や初心者の練習では、1〜2時間程度でここまで辿り着かせることを意識し、ポンポンと一気に進めていきます。

この練習がある程度できるようになれば、すでに初心者のレベルは超えたと言えるでしょう。もちろん、まだ実際の打球を捕ることはできないため、通常の全体練習に入るのはもう少しだけ先になりますが、技術的な土台としては十分。子どもにとっては「ボールを捕って投げる」というのが野球の動きであり、これを身につけて「練習したらすぐに上手くなった」「野球って簡単なんだ」と思わせることが大切です。

ゴロを捕ってからステップを踏んで投げる

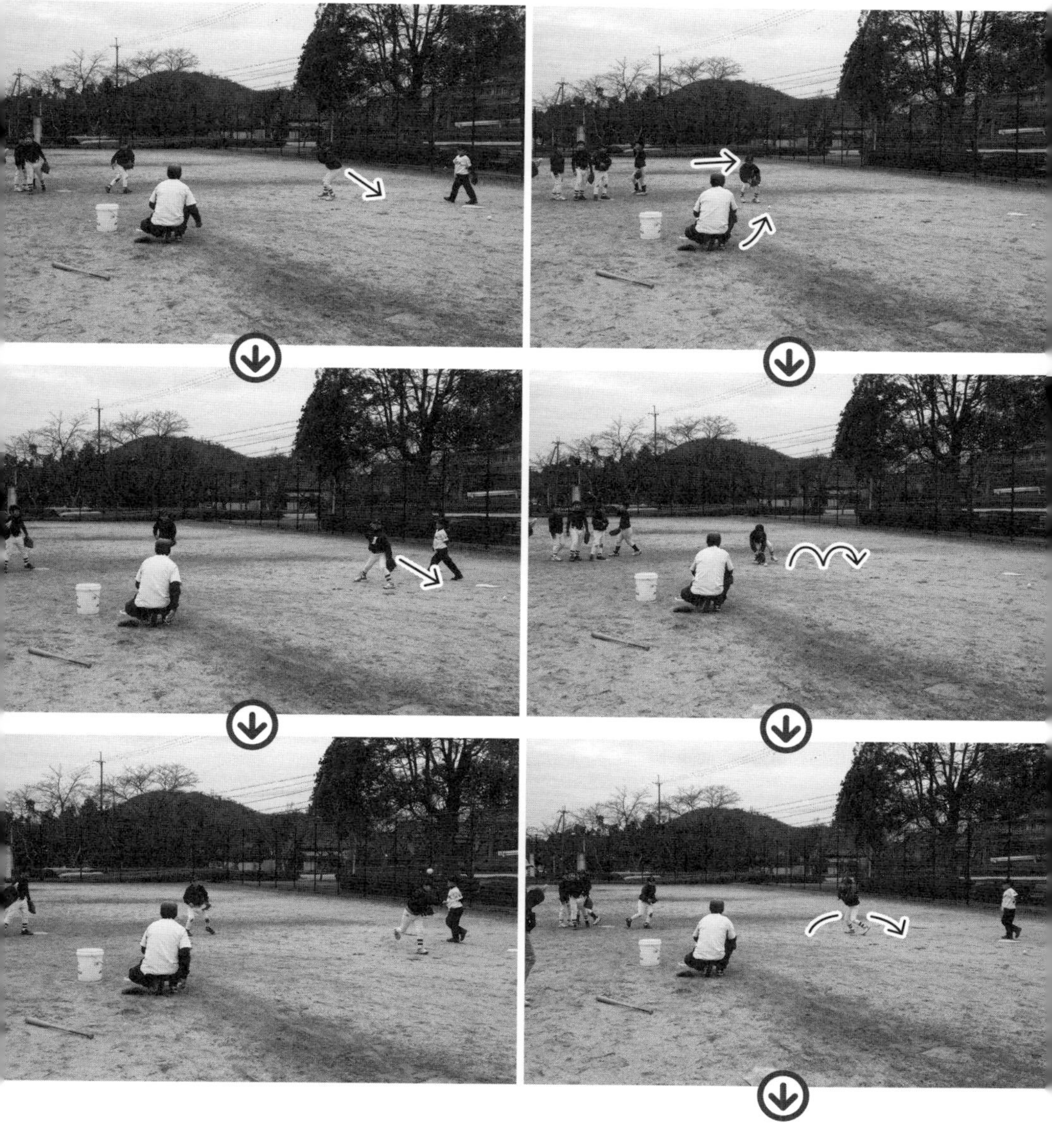

追加メニュー① ボールを打つ

幼児や初心者の場合、まずは不安や恐怖を取り除くためにも守備（捕ること＆投げること）が最優先なのですが、時間があるときにはバッティング練習も行います。小さい頃からピッチャー方向から来たボールを打つという習慣はつけておきたいので、指導者は数メートル先の距離にネットなどを置いて、正面からトスをしてあげます。体育館で行う場合はテニスボールやバドミントンのシャトル、ピンポン玉のような小さい穴開きボールなどを使用し、投げ手はビニール傘をさしながら正面からトスします。

技術的な部分で言うと、スイングの形を教えたところで、この段階の子どもは体力的に考えてもバットを思い通りに振ることはできません。ですから意識しているのは、通常の全体練習で浸透させる「多賀打ち」（151ページ参照）につなげるための最低限の土台づくりです。まずは足を肩幅くらいに広げて固定。そしてバットを後ろの肩に乗せ、両肩を入れ替えて体を回して振る。前の肩にバットを持ってきたら、また後ろの肩まで戻してくる。この動きを繰り返すだけです。悪い例の典型とされ

「後ろ肩→前肩→後ろ肩」と振り戻しながら連続打ち

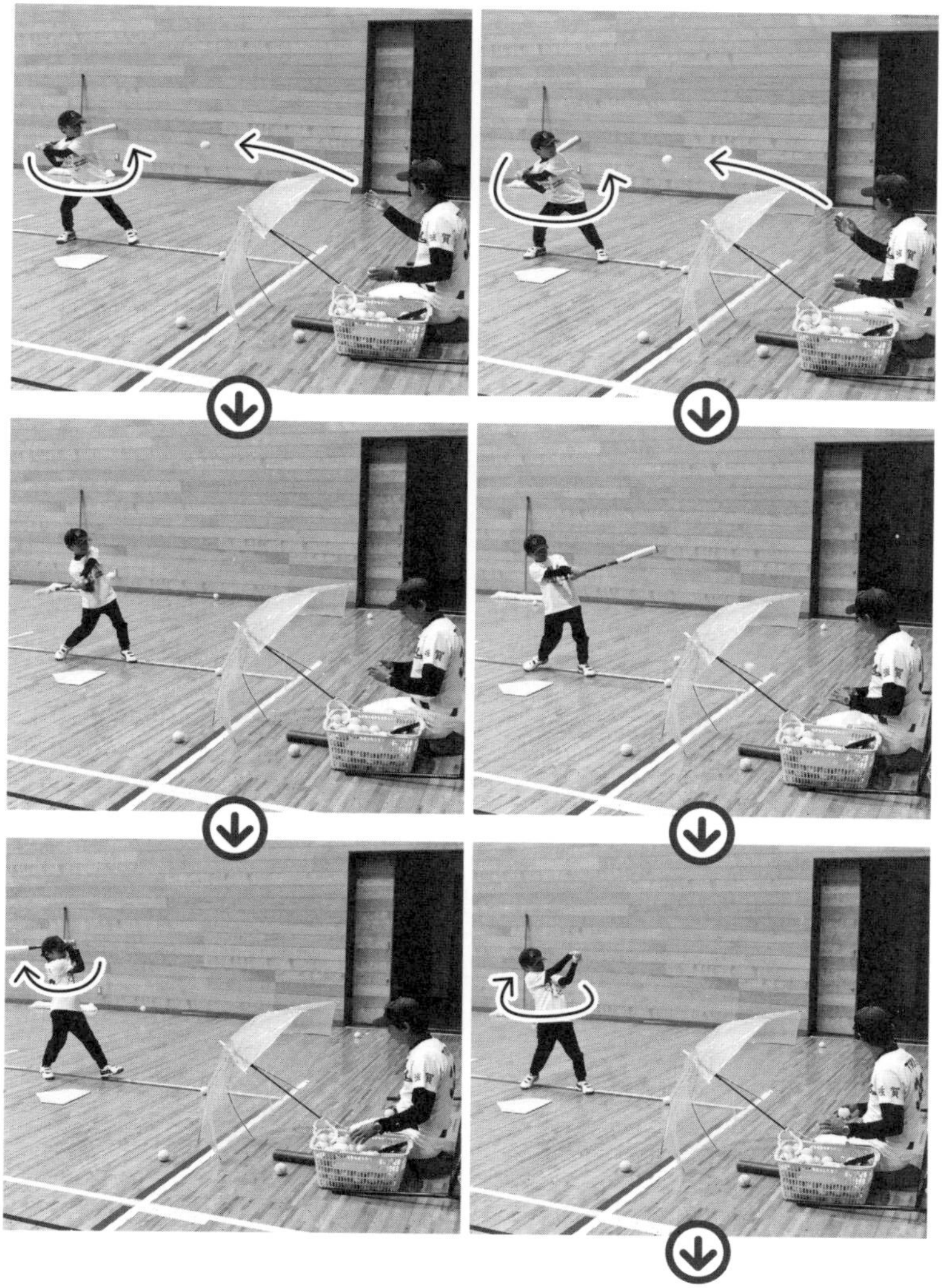

る、いわゆる〝ドアスイング〟でも構いません。ポンポンと5球ほど連続で行い、バットの振り戻しを促すことで少しずつ軌道が安定してきます。その後、体が成長してある程度の筋力がついてきたら、少しずつスイングの形を作っていけば良いと思います。

幼児や初心者に対して細かい動きまでアドバイスをすると、バットを思い切り振ることができなくなってしまいます。そもそも幼少期に「体を回してバットを振る」という動作をできること自体がすごいことなので、とにかく「後ろ肩→前肩→後ろ肩」という振り戻しを促すだけで良いでしょう。そして、指導者がその子のスイングの軌道にボールを投げ込み、こちらからバットに当ててあげることが大事です。「バットを振ってボールを打つ」という成功体験を積ませることで、子どもたちはバッティングの楽しさを覚えていきます。

追加メニュー② サイドステップでゴロを捕る

内野ゴロの一塁送球などを含め、野球というのは右側から左側へボールを投げることが多いスポーツです。したがって、右から左へスムーズにステップできるようにしておくことが大切。もちろん、正しい捕球姿勢をしっかり作って捕ることも大事ではあるのですが、ボールが来たところに合わせてピタッと足を止めて捕ろうとすると、いくら良い形であってもその後のスローイングに上手くつながりません。

ですから、子どもたちにはサイドステップで右から左へ進ませ、指導者がそこへボールを転がして、足を運びながらゴロを捕らせるという練習もしています。横へステップしながら捕るという動きを幼児や初心者の段階で覚えてしまえば、その後は「打球の右側から入る」「捕った後にしっかりステップする」といった意識をしなくても、勝手に足が動くようになるのです。また、実戦ではもちろん右側の打球を追いかけるケースも出てくるので、左右往復で練習して左から右へのサイドステップも身につけてしまえば効率的です。そして、この練習に慣れてきたら今度はサイドステップの前にダッシュを入れたり、またサイドステップの後にスローイングを入れたりしていくと、より実戦に近い動きができるようになります。

左右へ足を運びながらゴロを捕る

追加メニュー③ ショートバウンドを捕る

ショートバウンドは小さい子どもたちにとって難しいバウンドになりますが、これを捕れるようになっておくとさらに自信がつき、どんな打球が来ても怖がらず積極的に捕りに行けるようになります。方法としては通常のゴロ捕りと同じく目印の上に立たせ、足を開いてグラブを地面につけて構えてもらいます。そして、ボールがショートバウンドしながら勝手にグラブへ入ってくるように、指導者が上手く調節して投げ込んであげること。グラブにパパンッと収まる感覚はすごく気持ちの良いもので、フォアハンドとバックハンドをどちらも行って成功体験を積み重ねていくと、捕ることがさらに楽しくなります。なお、小さい子の場合はどうしてもグラブの面が寝てしまいやすいので、グラブはしっかり立てて構えるように促します。また、ボールを上手くつかめないのであれば、グラブに入っていくタイミングで手首だけを少し柔らかく動かすように促します。

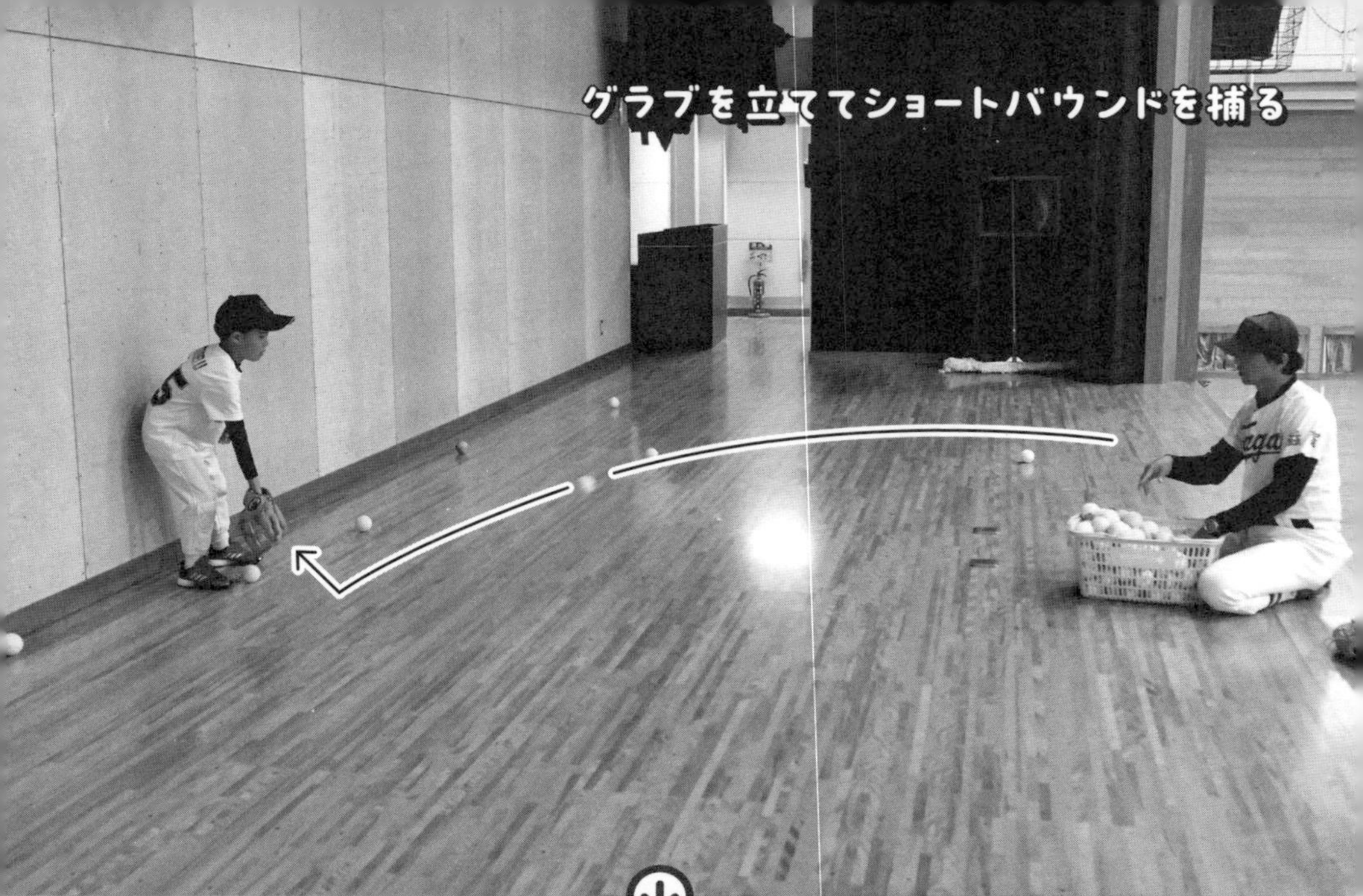
グラブを立ててショートバウンドを捕る

追加メニュー④ ボールを投げて球速を測る

ボールを投げる能力を養っていくためには、正しい形を作ってスムーズに投げる練習と同時に、思い切り腕を振って投げるという練習も必要です。そのために有効なのがスピードガン。投げる目標物としてネットを置き、助走をつけながら思い切り投げ込むように促し、1球ごとにスピードを測って指導者が読み上げます。子どもたちはみな「自分が何キロのスピードを出せるのか」という数字の部分に興味を抱くもので、こちらが何も声を掛けなくても夢中になって取り組んでくれます。

スピードガンにもいろいろな種類がありますが、私たちが使っているのは、飛んできたボールに対してセンサーが反応してリモコンに球速を表示してくれるタイプ。ネット裏にセッティングさえしておけばあとは子どもたちが勝手に進めてくれるので、練習の効率は非常に良いです。また一人で助走をつけて投げるだけではなく、たとえば指導者がゴロを転がし、捕球→ステップ→スローイングという実戦に近い動きで行うなど、さまざまな形で取り組むようにもしています。

ネット越しのスピードガンに向かって全力で投げる

第2章

「〝声掛け〟や〝導き〟で変わる」

実録・子どもを夢中にさせる「魔法のテクニック」

それぞれの子どもに合った方法を考えながら自分流の〝声掛け〟と〝導き〟を見つける

第1章では私たちが取り組んでいる育成メニューを紹介しましたが、じゃあそれをやれば誰でも子どもたちを上手くすることができるのかと言うと、そうではありません。そもそも、低年齢の子どもたちは少し目を離すとすぐバラバラに動き始めますし、たとえ練習が形として成立していたとしても、本人たちがやる気になっていなければ意味がない。こちらから強制せずに子どもたちが自然と集まってくるような雰囲気を作り、そして夢中にさせていくための〝声掛け〟や〝導き〟が必要なのです。

さらに言えば、同じことを同じように続けているだけではダメで、私たち指導者はその場その場で目の前の子どもたちに対応し、それぞれに合わせた指導の引き出しを開けていくことが求められます。私は日々、子どもたちの様子を見ながら、「どうすればこの子に興味を持たせることができるかな」と考え、それぞれに響くような言葉を選んで〝声掛け〟をするようにしています。また、「この子にはどんなやり方が良いかな」と考え、それぞれに合った〝導き〟をするようにもしています。そして、声のトーンや話し方の強弱、間合いなどをところどころで変えながら、盛り上げたり落ち着かせたりして気持ちを乗せていく。そこまで考えているからこそ、「多賀」の「幼児野球＆初心者体験」はどこにも負けないくらいの活気があります。

この章ではそんな〝声掛け〟や〝導き〟について、私が実践しているテクニックを紹介していきます。ただ読者の方々に一番感じてほしいのは、どういう目的を持っていて、どういう空気感で取り組んでいるか。もちろん私の言葉を完全にコピーしたところで、同じように上手くいくわけではありません。指導者はそれぞれ、自分に合った〝声掛け〟や〝導き〟の仕方を見つけていくことが重要だと思います。

多賀少年野球クラブ
ある1日の「幼児野球&初心者体験」

Case.1

★練習開始～「ゴロを捕る(足固定)」

1

2

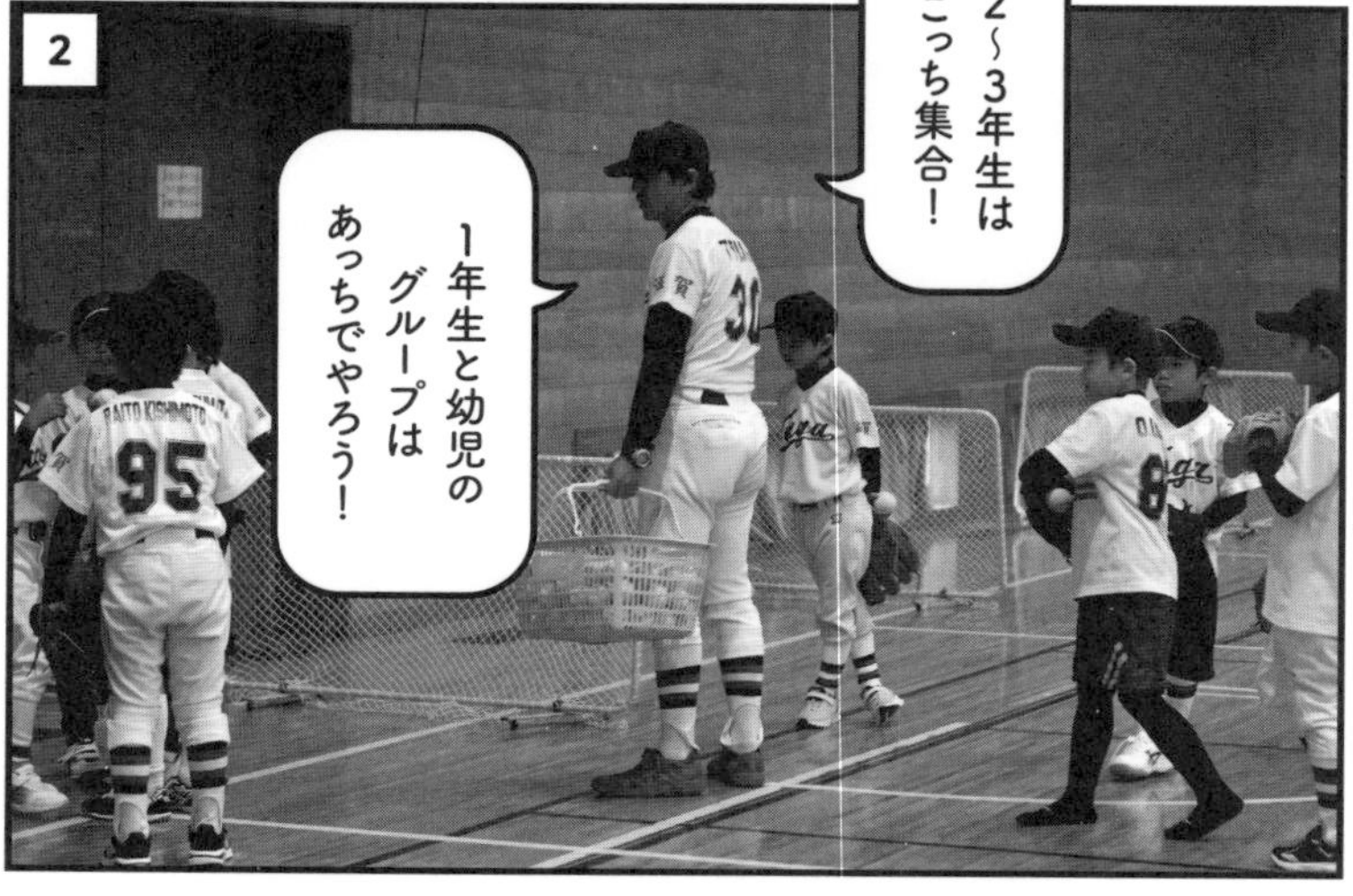

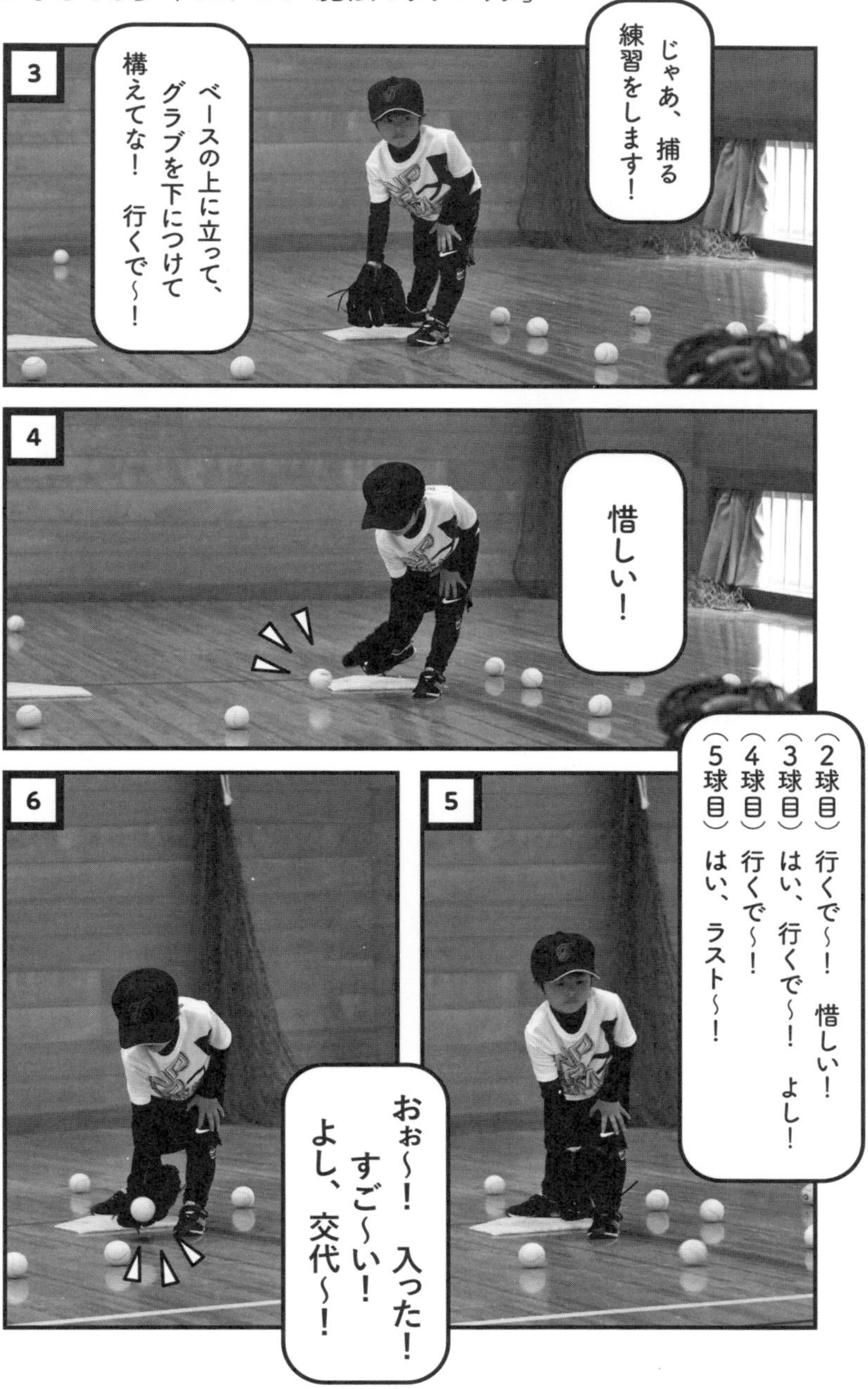
3
じゃあ、捕る練習をします!
ベースの上に立って、グラブを下につけて構えてな! 行くで〜!
4
惜しい!
5
(2球目)行くで〜! 惜しい!
(3球目)はい、行くで〜! よし!
(4球目)行くで〜!
(5球目)はい、ラスト〜!
6
おぉ〜! 入った! すご〜い! よし、交代〜!

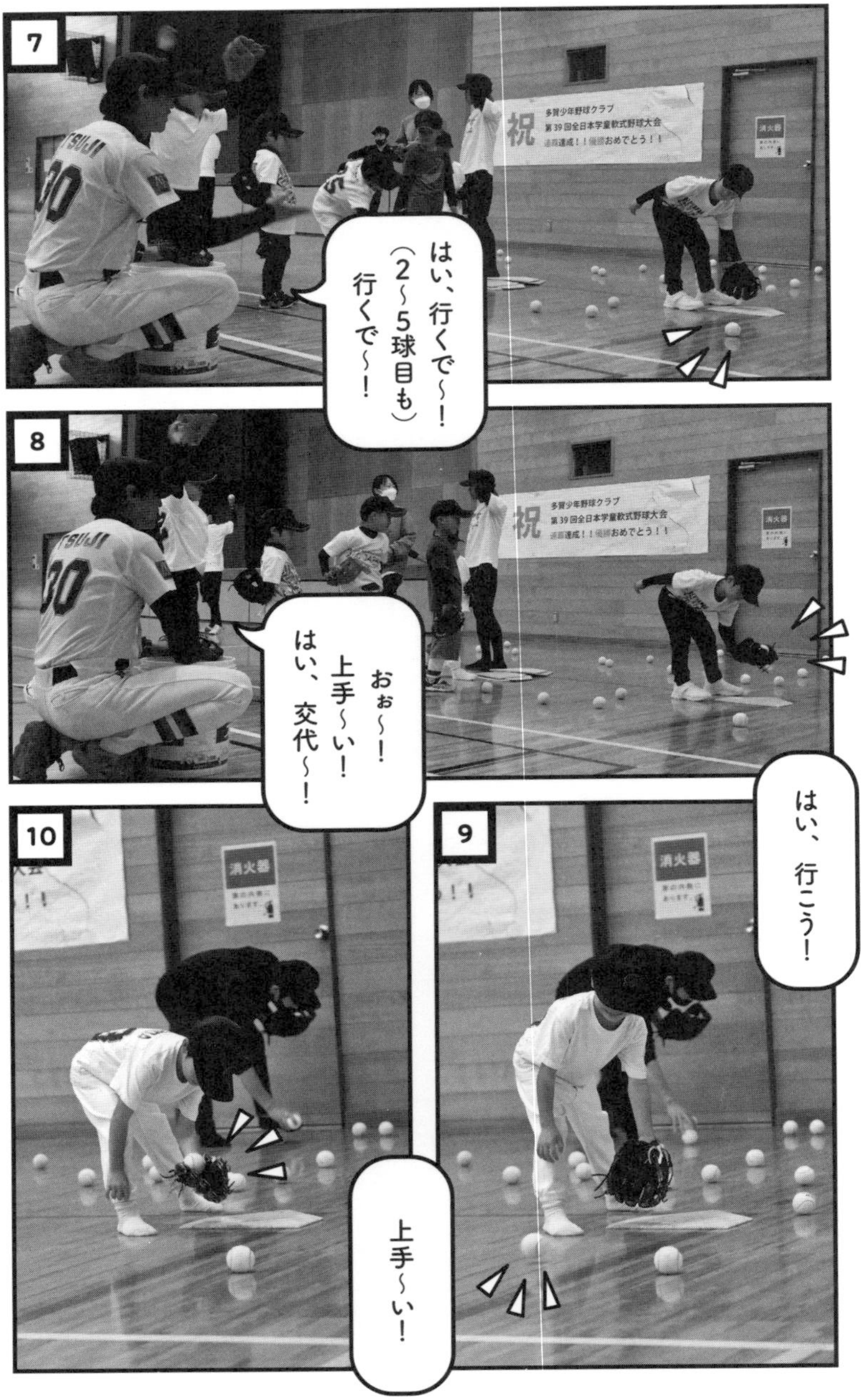
はい、行くで～！（2～5球目も）行くで～！
おぉ～！上手～い！はい、交代～！
はい、行こう！
上手～い！

実際の
辻ボイス

★「ゴロを捕る（前進）」

1

はい、じゃあ岡コーチのところに行って！
そこ並ぼ〜！

2

消火器
今度は〜、ここ（前）にボールを捕りに来て〜、ここ（投げ手のところにあるカゴ）に入れてくれる？分かった？

3

はい、行くよ〜！よ〜い、ドンッ！はい、前〜！

4
上手～い!

5
はい、(カゴを指して)
ここ、ここ～!

6
すごい、速い速い!
速い速い!

7
速いなぁ!
すごいなぁ!

8
さぁ行くで〜!
よ〜い、ドンッ!
速く速く!
上手い!
速い速い
速い!

9
よっしゃ〜!
速いなぁ〜!

実録・子どもを夢中にさせる「魔法のテクニック」

☆「ゴロを捕る（前進＋競争）」

1

2

3

4
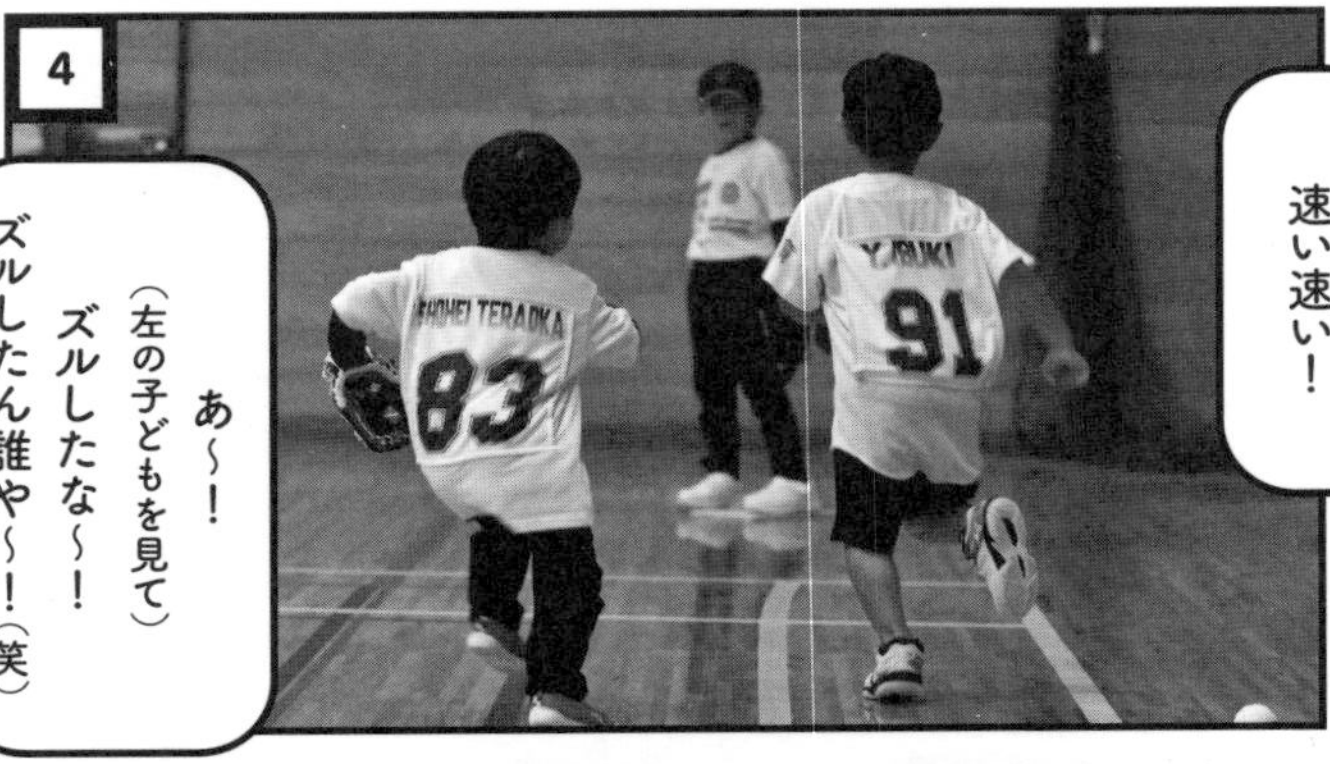
速い速い！
あ〜！
（左の子どもを見て）
ズルしたな〜！
ズルしたん誰や〜！（笑）

5

よし、行くで〜！
競争やで〜！
よ〜〜〜い、
ドンッ！

6

速い速い！
速い速い！
（隣に）負けてる負けてる！
まだ間に合う、
まだ間に合う！
よ〜し、オッケー！！

実際の
辻ボイス

☆「ゴロを捕る（バウンド）」

1

2

3

実際の
辻ボイス

☆「ボールを投げる（足固定）」

1
よし、投げる練習や！
ボール投げよ〜！はい、こっちおいで！
2
投げ方の練習な〜 右手は頭の後ろで、グラブを腰！
3
ええか、ここの（左）肩よりもここの（押さえている右）肩のほうが前に来る！

4
せーのぉ！
5
ドンッ！
オッケーイ！
きれいやなぁ！
6
ええか、ここの（左）肩よりも
ここの（押さえている右）肩の
ほうが前に来る！
ここ（左肩）を起点にしてここ
（右肩）を前へ！　行くで！
7
せーの、ドンッ！

実際の
辻ボイス

★初めての体験生が1人遅れて到着

1
おぉ〜！　〇〇君か！
よう来てくれたなぁ！
お母さん、よう来てくれました！

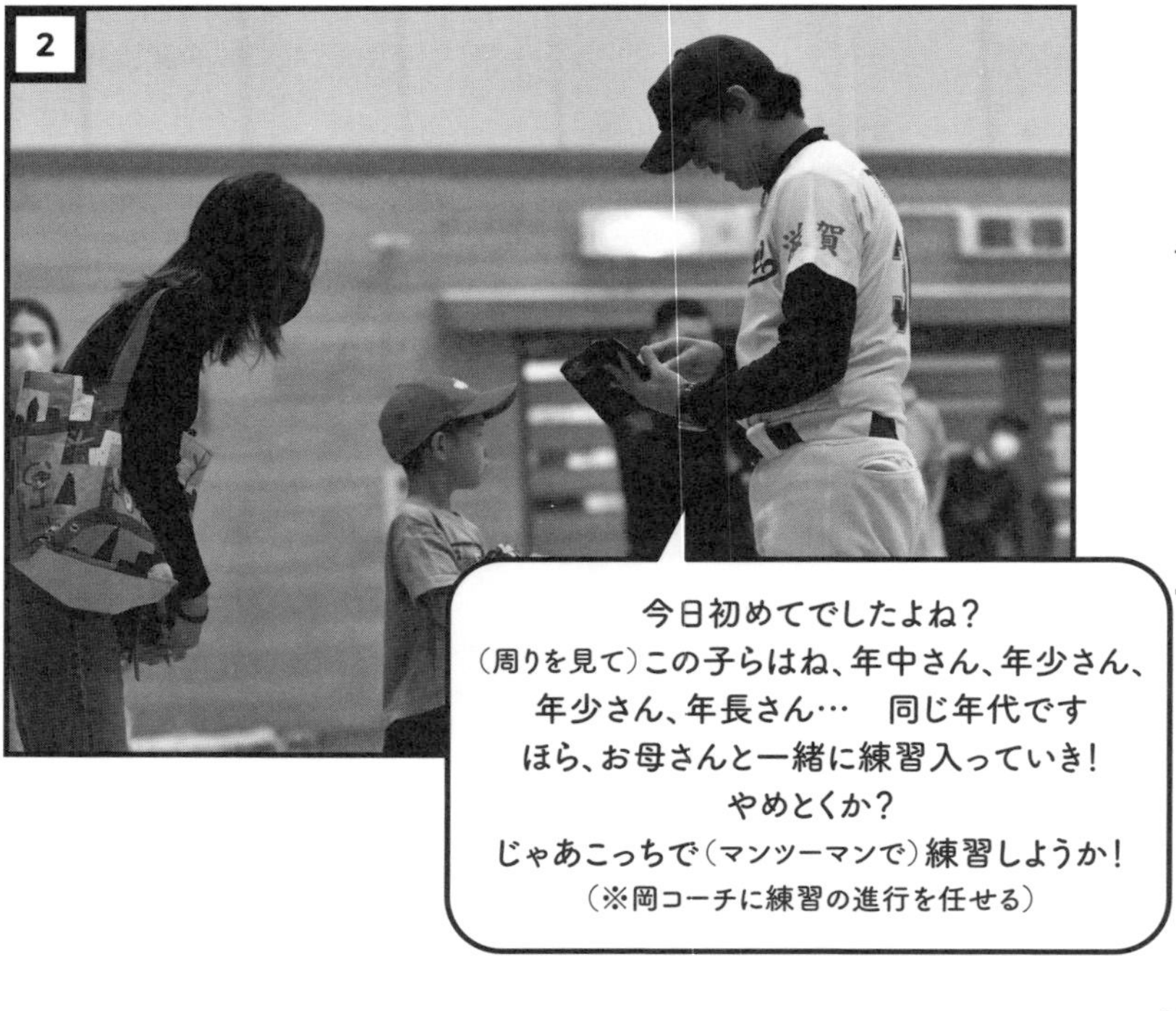
2
今日初めてでしたよね？
（周りを見て）この子らはね、年中さん、年少さん、
年少さん、年長さん…　同じ年代です
ほら、お母さんと一緒に練習入っていき！
やめとくか？
じゃあこっちで（マンツーマンで）練習しようか！
（※岡コーチに練習の進行を任せる）

3
TSUJI
30
よし、じゃあ捕る練習しよか!
ベースの上に立って、横向いて
グローブ下につけてな!
ここに置いといてな!
ここから転がすからな、行くで!

4
TSUJI
30
おぉ〜! すご〜い!
オッケー!
上手いなぁ!

実際の
様子

☆「ボールを投げる(ステップ&助走)」

実際の様子

ある1日の「幼児野球＆初心者体験」

Case.1

★初めての体験生が
「ゴロを捕る（足固定）～ボールを投げる（ステップ＆助走）」

1
はい、行くで～！
横向いて～！

2
ホイッ、上手～い！
（続けて）よし、行くで～！
すご～い！

3
すご～い、天才や！
お母さん、天才ですね？
天才見つけました！

実際の
辻ボイス

ある1日の「幼児野球&初心者体験」

Case.1

※「ゴロを捕る(前進)」へ

ほな次はなぁ
「よ〜い、ドン」って言ったら
前に出てきてこれ(ボール)を捕って
ここ(カゴ)に入れて戻る!
分かった?
よし、じゃあ後ろから行こう!
よ〜い、ドンッ!
(捕球後に)ここやここや!
速い速い速い!
はい、戻る戻る戻る!
すごいなぁ!

※体験生の保護者へ向けて

お母さん、
前に来てほしいときにはね
「よ〜い、ドン」って言って、
自分の中で競わせるんです
そうすると「前に来い」っていう
命令形じゃない言葉でも、
前に来るんですよ

よし、もう1回やるか!
よ〜し、もう心つかんだぞ!
心つかんだぞ、〇〇(名前)の!
よーい、ドンッ!
はい、速く入れる!
速く入れる!
天才やなぁ!
メッチャ上手やなぁ

※「ゴロを捕る(バウンド)」へ

よっしゃ、次ちょっと難しいぞ!
跳ねるヤツ放るからな〜
行ってみ〜、捕れるか〜?
はい、行くで〜!
〇〇行くで〜!
ほら、ほら! あっ、すごい!
天才? 絶対天才や!
間違いない!
よし、もう1回行こう、
もう1回行こう!
捕っちゃった…すごいなぁ!

はい、〇〇君は
(ボールを捕るのは)もう完了!
すごいなぁ! 天才や!

ちょっと休憩しようか
水飲んできぃ
え? 飲まんでもええの?
まだやるか? まだやる?(笑)
いえ〜い!(ハイタッチ)
よし、じゃあ次は
投げる練習しよか!

年中さんですか?
(※親「年中です」)
そっか、何でもできるなぁ!
これは(飲み込み)早いわ!
家でやってるんですか?
初めての子は
こんなにできないですよ
ホンマに天才や!

ある1日の「幼児野球&初心者体験」

Case.1

★体験生が合流して「ボールを投げる（ステップ&助走）」の続き

※みんなの練習場所へ移動

（他の子どもたちに）はい、ボール集め〜！休憩してきて！○○だけでやるから！

1

ボール投げたことある？あそこ（ネット）に向かって投げられるか？

2

（投げて）お〜っ、すごいなぁ！
そんなに投げられるんか！
天才やなぁ！

3

4

よし、じゃあ投げ方教えるからな！
横向いて、手をここ（頭）に
で、これ（グラブ）をここ（腰）に
ここから投げるんや！
（肩を押さえてから体を回してあげて）お〜っ、すご〜い！
（何球か続けてみて）よし、じゃあステップしてから投げてみようか！
ステップ、ステップ、ステップ、ドーンッ！
オッケーイ！

実際の
辻ボイス

5

おぉ〜！　すごいやん！
さっきの（みんながやっていた）
練習見てるなぁ！
頭の良い子や！
よし、もう1回行こう！
（※ここで他の子どもたちが
休憩を終えて合流）

6

（体験生の）〇〇、ちょっと待って！
みんな来たから順番な！
はい、じゃあここで待ってて
（次の子に）はい、ボール持って
行くで〜！
ステップ、ステップ、ステップ、ドーン！

7

8

はい、みんな順番な！
はい、行くで〜！
ステップ、ステップ、ステップ、ドーン！
オッケー！すご〜い！
すごいなぁ！

★「ゴロを捕って投げる」「サイドステップでゴロを捕って投げる」「フライを捕る(足固定)」〜練習終了

※「ゴロを捕って投げる」へ

よし、じゃあ今度はボールを捕ってから
ステップ、ステップで投げよう!
さぁ、行こうか!
はい(ゴロを)捕って、ステップ、
ステップ、ステップ、ドーン!
はいオッケー!
はい捕って、はいここでステップ、
ステップ、ステップ、ドーン!
はいオッケー!
(ある程度進んで)はい、
ボール集めて休憩〜!

実際の 辻ボイス

※「サイドステップでゴロを捕って投げる」へ

よし、じゃあ見本を見せるよ!
次は、走ってはいけないんやで
ステップするからな!
走らないで、ステップして捕りに行くよ!
分かった?
ステップ、ステップ、ステップ、(ゴロを捕って)
ステップ、ステップ、ドーン!
分かった?　誰から行く?
ステップやで!　ステップやで!
(ある程度進んで)はい、休憩〜!

実際の 辻ボイス

※「フライを捕る(足固定)」へ

はい、こっち来てくれる?
並ぼう〜!
次は、ここでこうやって(横向きでグラブを)構えて置いといてな!
ボールを放るからな!
はい、行くで〜!　5球ずつな!
(1球目)惜しい!
(2球目)はい、もう1回!
(3球目)おぉ〜、すご〜い!
(4球目)あぁ〜、惜しい!
(5球目)すご〜い!
はい、交代〜!
(次の人へ)はい、構えて〜!
(1球目)おぉ〜、すご〜い!
(2球目)惜しい!
(3球目)おぉ!
(4球目)おぉ、すごい!
(5球目)おぉ〜〜〜〜!
もう全部捕れるやん!
全部捕れるやん!　天才やな!
天才やんな?　なぁ?
(ある程度進んで)よ〜し、じゃあ終わり〜!
ボール集めしよ〜!
ボール集め〜!

実際の 辻ボイス

※体験生の保護者へ向けて

お母さんね、これ、腕を上げるのはしんどいので、
筋力が耐えられなくて落ちてきてしまうんです
大人の感覚と違って、子どもはメッチャ疲れる
だんだん捕れなくなるのは下手になったんじゃなくて、
腕が疲れて握力もなくなっている
だからずっとやる必要はないんです
物足りないくらいでちょうど良いんで、また来てください

※練習終了

は〜い、1年生と年長さん、
年中さん、年少さん、集合〜!
はい、おいで〜!
集合やで!　集合やで!
はい、終わるよ〜
礼するよ!
ありがとうございました!
※子どもたち「ありがとうございました〜!」
はい、さいなら!　またな!

(1人目の「監督、バイバイ!」に対して)「はい、バイバイ!」
(2人目に)「またおいでな!　待ってるで!」
(3人目に)「ありがとう!　またおいでな!」
(4人目に)「よっしゃ〜!(ハイタッチをして)またな!」
(体験生に)「○○君、またおいでな!」

実際の 辻ボイス

★個人練習「グラブさばき」

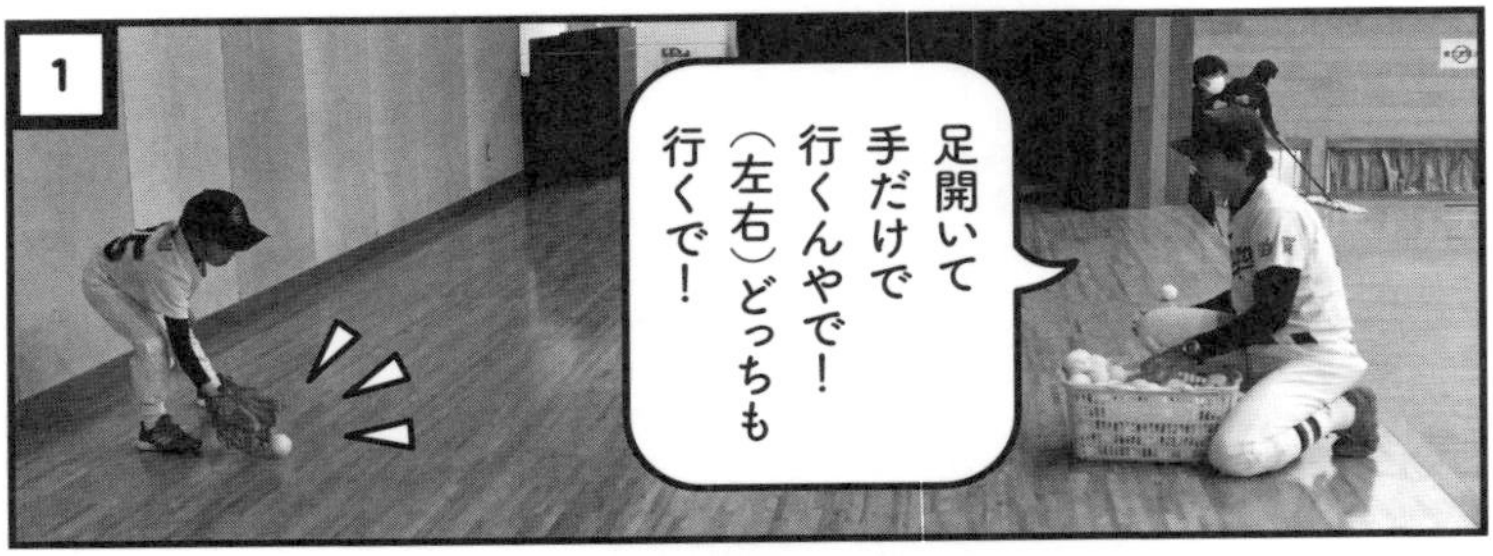
1
足開いて
手だけで
行くんやで！
（左右）どっちも
行くで！

2
はい、こっち！
（バックハンド）
はい、こっち！
（フォアハンド）

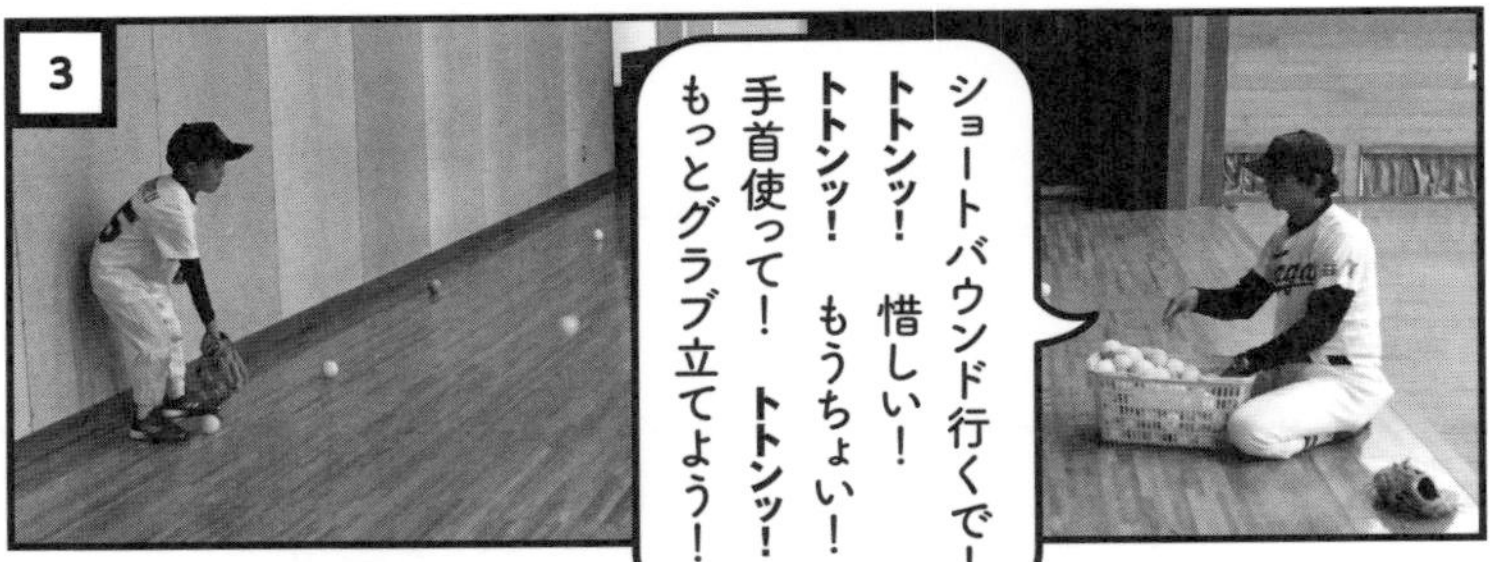
3
ショートバウンド行くで！
トトンッ！ 惜しい！
トトンッ！ もうちょい！
手首使って！ **トトンッ！**
もっとグラブ立てよう！

4
トトンッ！
上手～い！
入った～！
天才や～！

実際の
辻ボイス

☆個人練習「バッティング」

1

連続打ちやで！
バットを肩に置いといて…
体を回して振る！
で、肩に戻してくる！
ええか？

2

肩から回して、肩まで戻す！
肩から回して、肩まで戻す！
はい、肩へ戻す！　肩へ戻す！
オッケー、交代～！

3

（ボールが傘に当たって破けて）
木っ端微塵やないか～！　もう終わりや
（傘を思い切り閉じて）アハハハハッ！（笑）
※子どもたち「あ～っ、壊れたぁ！」

実際の
辻ボイス

子どもを導くテクニック❶マンツーマンの練習に全員を取り込む

初めて練習に来る子（体験生）をどう扱うか。これは少年野球の指導をする上で、避けては通れない重要な課題です。導入の段階で本人やその保護者に「野球って面白くないいな」「このチームには馴染めないいな」といった感情を与えたら、当然ながら子どもたちはすぐ離れていってしまいます。

特に初めて体験に来た子というのは右も左もまったく分からず、また技術的には「ボールを触ったこともない完全な初心者」というケースも多いものです。一方、体験2回目以降の子はチームの雰囲気や練習の内容も何となく分かっており、技術的にも少し自信がついていて、慣れているからチームメイトと楽しくおしゃべりなどもできる。コミュニケーション能力の高い子であれば体験初回であってもそこにスッと参加できるのですが、大半の子はやはり輪の中には入っていけません。

そういう子に対してはまず、全体の進行をコーチに任せた上で、みんなが練習している場所からいったん離れてマンツーマンで指導をするようにしています。もちろんメニュー自体はまったく同じですし、周りの目を気にせず練習できるので、やはり上達はしていきます。また「特別に教えてもらえている」という感情も生まれ、本人のモチベーションも上がっていくでしょう。そして、みんなが休憩に入っている間を見計らって全体の進行を追い抜いていき、1つ先のメニューまで進めてしまう。さらにこのとき、あえてみんなが練習していた場所の近くにスッと移動しておきます。すると、休憩を終えた子どもたちが「次のメニューが始まっている」と思って、続々とそこへ集まってきます。つまり、体験初回の子を中心に自然と輪ができて、そこが全体の練習場所へと変わっていく。みんなで練習しているところに「行ってこい!」と1人を放り込むのではなく、1人で練習しているところにみんなを取り込んでいくわけです。これならば本人も気付かないまま輪の中に入れますし、他の子たちもメンバーが増えたことに何の違和感も抱きません。

なお、私たちのチームは遅刻も早退も自由で、子どもが途中から参加することもよくありますが、そういうケースでもこの方法は有効です。もともとグループとして成立しているところに1人で新しく入っていくというのは、周りからの見えない圧も感じてしまうのでやはり勇気が必要。「仲間をたくさん作る」というのも少年野球の大きな目的の1つであり、だからこそ、子どもが集団に馴染めるように大人が導くことはすごく大切だと思います。

子どもを導くテクニック❷擬音でリズムを意識させる

よく「小学生の指導は……」などと一括りにして語られることがありますが、小学生と言っても1年生と6年生では心も体も成熟度がまったく違いますし、特に子どもは1年ごとに著しい成長を見せていくわけですから、少なくともざっくりと分けて低学年と中学年と高学年では、指導の仕方を変えなければなりません。ただ、そんな中で小学校低学年の子や幼児に共通しているのは、大人がいくら噛み砕いて話をしても、なかなか伝わらないということ。3年生あたりからは言葉で伝えられる部分もだいぶ増えてくるのですが、低年齢の子に関しては基本的に説明を少なくして、「はい、みんなちょっと見ててな〜」と言いながら動きでお手本を見せることを重視しています。

そしてここで重要なのは、その動きと同時に声を出してリズムを表現してあげることです。しかも「トーン、トーン、トーン」「ステップ、ステップ、ステップ、ドーン！」「せーのぉ、バーンッ！」など、リズムに合った擬音を使うこと。そうすると子どもたちはリズムのほうを意識するようになり、そのタイミングをつかんだら自然と体を動かせるようになっていきます。

子どもを導くテクニック❸好奇心にフタをしない

私は保護者の方々に対して、いつも必ず「子どもの好奇心にフタをしないでください」と伝え続けています。日本の場合は特に、家庭や学校での教育によって「○○をしたらダメ」とさまざまな規制を掛けられることが多いものです。もちろん、規律をしっかりと学ばせることも重要。しかし、そうやって「ルールを守ることが絶対に正しい」という感覚が日常的になっていると、子どもたちはいざ好奇心が必要なときにも「これをやったら何か言われるからやめておこう」と気持ちにストップを掛けることが増え、目の輝きがだんだん失われていってしまいます。

私たちスポーツ少年団の役割というのは、家庭や学校では教えられない部分を経験させてあげることです。だからこそ、子どもたちの「○○がしたい」という気持ちを大切にしながら、彼らが自分に合った方法を自ら考えられるように導いてあげることが重要。したがって子どもたちが積極的な姿勢を見せたもの、興味を抱いたものがあれば、決して否定せず、まずはそちらの「子どもの都合」を優先させていきます。たとえば「森で遊ぶ」「石を拾う」「虫を捕まえる」などは、まさに子どもの好奇心の表れです。こうした自然体験や冒険のようなものはモチベーションを上げてくれます。私たち大人でもキャンプ、バーベキュー、温泉…そういったものでリフレッシュすることがよくあるわけで、人間の本能の部分に刺激が与えられるのです。

また、そもそも低年齢の子どもが野球に興味を持つ1つの要素として、家や学校で「やったらダメ」と言われていることを解放できるという部分があります。人に向かってボールを投げる。バットを振ってボールを打つ。日常においてはとても危険な行為ですが、グラウンドに来れば思い切り体を動かすことができるのです。子どもたちにそういう感覚を与えて好奇心をくすぐってあげれば、野球も楽しくなってくるでしょう。そして、「自分で考えて野球をやる」という楽しさも、こうした好奇心の積み重ねの延長線上にあると思っています。

子どもたちを引きつける手段は、他にもいろいろあります。手っ取り早いのは、一般的に「やったらダメ」と言われていることをグラウンド内でやること。たとえばある日、体育館でバッティング練習をしていて、ネット代わりにしていたビニール傘にテニスボールが当たって破れてしまったことがあります。ここで私は「木っ端微塵やないか～！」と言いながら、子どもたちの前でタイミングを見計らって傘の柄を突き刺すように思い切り閉じてみせました。すると破れた傘が一気にグシャッと破壊された。子どもたちは「うわ～っ！　壊れた～！」と言いながら、ケラケラと笑って大喜びしていました。これもまた1つ、子どもたちに「楽しい」と思わせる手段。真面目にひたすら淡々と練習に取り組み続けさせるよりも、どこかでこうやって子どもたちに笑いの要素を提供すると、好奇心はさらに芽生えていくと思います。

ちなみに、練習のルートからいったん大きく外れると、保護者はおそらく「自分の子どもだけ練習に集中していない」ということでヒヤヒヤすると思います。しかし、強引に正式なルートへ戻そうとしても結局、本人がそこに興味を持っていなかったら練習の効果は上がりません。それならば、子どもの好奇心の方向に寄っていき、1回それをやらせてみて満足させてから練習に戻していく。そのほうが結果的にも上手く回っていきます。

子どもを導くテクニック❹保護者の存在を上手く活用する

少年野球チームを運営する場合、保護者の協力は絶対に欠かせないものです。だからと言って、単純に当番制を敷いて手伝いをお願いするだけでは負担が大きくなってしまうので、私たちが掲げているのは「親も楽しい少年野球」。一般的に保護者はグラウンドの外から見守っていることが多く、「勝手にグラウンドに入って声を掛けちゃいけない」という固定概念があるようですが、「多賀」では積極的にグラウンドに入ってもらい、子どもたちと同じ空間を共有できるようにしています。ちなみに、幼児から小1の12月までは保護者の付き添いが条件。これは安全管理の意味合いもあります。

そして子どもたちを導く上で、保護者の存在は大いに活用できます。まず保護者を普段からグラウンドに入れておくことで、私たちが指導している内容をそのまま保護者の頭の中にもインプットさせることができます。また実際、たとえば子どもたちに「○○コーチと森で遊びに行っておいで！」とか「○○コーチと鬼ごっこや～！」などと言ってグラウンドから離している間に、保護者を集めて「子どもたちが今やっていた練習はこういうことです」と説明。さらに、グラブやバットを持ってそのメニューを体験してもらうようにもします。それを続けていくと、たとえ最初は素人だった保護者でもだんだん野球のことを理解し、子どもたちに「こうするんだよ」と簡単な指導ができるようになっていくのです。そして私たち指導者がその場をパッと離れたいときにも、「ちょっとだけお願いします」と言っておけば子どもたちを相手に練習を回してくれます。

また、幼児や初心者の練習の場合は保護者全員に子どもたちの楽しそうな姿を見せられるので、「家に帰ってもこの練習をやってみます」と言ってもらえることがすごく多いです。グラウンドではスマホでの動画撮影なども積極的に勧めていて、親子でそれを見ることで共通の話題も作れますし、振り返って技術の確認や反省もできる。SNSにアップしてもらっても大いに結構ですし、そうやって保護者に関わってもらいやすい雰囲気作り、声掛け、誘い、仕草などは大切にしています。

さらに言うと、保護者に注目を集めることで子どもに興味を与えることもできます。たとえば運動量の多いメニューなどを説明する際、保護者を見本にして行う。息をハァハァ切らしながらその保護者が動いていると子どもたちはワーッと盛り上が

り、「自分もやりたくて仕方がない」という気持ちになっていきます。あえて時間を割きながらでもそういう見せ方をすることで、子どもたちの集中力を上げられるのです。あるいは、全体練習後に時間があるときは「よーし、じゃあここからは多賀〝壮年〟野球クラブや」などと言いながら保護者を集めてノックをしたり、試合をしたりもします。子どもたちもそれを周りで見て、ヤジを飛ばしたりしながら楽しんでいます。そうやって親子で一緒に楽しむ空間も作っているからこそ、「多賀」の保護者たちは「子どもと一緒にグラウンドへ遊びに行く」というような感覚で来てくれているのでしょう。そして、結果的に率先して手伝いをしてくれることにもつながっている。保護者をグラウンドに入れることはメリットしかないですし、どんどんやったほうが良いと思っています。

子どもを導くテクニック❺使う筋力を分散させる

野球の技術を身につけるためには、もちろん反復練習が大切です。ただし、子どもたちの場合はまだ体も十分に成長しておらず、同じメニューを長く続けると筋肉の疲労が大きくなります。それでもずっと続けていたら上手くなるどころか動きが悪くなり、逆に下手になってしまう。ですからメニューを上手く組み合わせて、使う筋力を分散させてあげることが重要になります。

たとえば第1章の育成メニューでも、「フライを捕る」ばかり続けていると、だんだん腕を上げているのが苦しくなってきます。ですから、まずは「ゴロを捕る」を進めていき、腕を下に降ろした状態で簡単に「ボールを捕る」という感覚をつかませる。そこからフライに移行し、ある程度やったらまたゴロに戻るのが良いのです。また「ボールを投げる」についても、ひたすら投げ続けていたら疲れてしまうので「捕る」と「投げる」をバランスよく混ぜることが大切。別のメニューをやっているときに一度使った筋肉を休ませ、回復したらまた使わせていく。そんな流れを意識しています。

子どもを導くテクニック❻物足りないところで練習を終える

幼児や初心者の練習は1日1時間半~2時間に限定していますが、その中でもさらにメニューにはゆとりを持たせ、子どもたちの様子を見ながら最後は「物足りない」と感じるくらいのところで終わらせるようにしています。また遅刻も早退も自由なので、保護者にはとにかく「これじゃ物足りないなと思うくらいのところで（各自で判断して）帰ってくださいね」とも伝えています。

ある日のエピソードですが、みんなが練習している横で休憩していた子がいたので、私が「疲れたからもう帰るか?」と言うと、その隣にいたお母さんが逆に「もうちょっと頑張ってみたら?」と促しました。こういう場面こそ大人の駆け引きが重要で、私はさらに「お母さん。今日はこれくらいがちょうど良いので、また来てくださいと言って、その子にも「また次おいで!」と伝えました。すると本人も「うん、明日また来る!」。おそらく、そのタイミングが本人の気持ちの中で「まだやりたい」と「疲れてきた」のちょうど中間だったのだと思います。ここでもし練習を無理に続けていたら、さらに疲労が溜まり、だんだん飽きてきて集中力を欠いていたでしょう。私たちはもちろん「上手くなる練習を続けること」も大切にしていますが、何よりも主眼に置いているのは「子どもたちをやる気にさせること」。目いっぱいやりすぎると、野球が嫌になってしまう可能性も出てくるのです。

子どものやる気を次につなげるためには、本人が調子良くなって喜んでいるうちに次のメニューへ移ったり、また帰らせたりすることが大切です。つまり、練習を続けていて「だんだん良くなってきた。もうちょっとやったらもっと上手くなるな」と乗ってきたタイミングでスパッと切る。そうすれば「もっとやりたい」という気持ちが残り、次への活力が生まれてきます。そもそも幼児などは15分程度のメニューであっても途中で飽きるもの。5分くらい集中できれば、それだけですごいことなのです。

嬉しいことに、練習が終わった後の「多賀」の子どもたちの顔を見ていると、みんな充実した表情をしています。そして、よく子どもたちが言ってくるのは「もう終わり?」「もう遊んだらあかんの?」。彼らの中では「上手くなるために練習している」のではなく「ボールやバットを使って遊んでいる」という認識なのです。その感覚こそ、幼児や初心者にとって一番大事な部分だと思っています。

多賀少年野球クラブ

ある1日の「幼児野球&初心者体験」

Case.2

★練習開始～「ボールを投げる(練習用ネット)」

(※ネットを設置しておいたら
みんなが自然と投げ始めてスタート)
おぉ、すごいな!
跳ね返ったのを捕れるか?
難しいなぁ!

行けっ!
おぉ、ナイスボール!
あぁ～、(跳ね返ってきたのを)
捕らなアカンな(笑)

よし、
ボール持って
投げてみよう!
おぉ、
上手やなぁ!

(ひと通り終わって)よ～し、それじゃあ、
今度はこっちおいで
フライ捕りの練習するからな～

実際の
辻ボイス

★「フライを捕る(縦移動)・フォアハンド」

1
はい、あの白い線からスタートな! ええか? ちょっと後ろに投げるから、横向きで捕ってな! ええな? よし、どんどん行くぞ!

2
おぉ～、ナイスキャッチ～! はい、次! ちょっと後ろへ投げるよ!

3
はい、次! どんどん行こう! 後ろへ投げるよ!

4
横向きで走る! オッケー! ナイスキャッチ～!

5

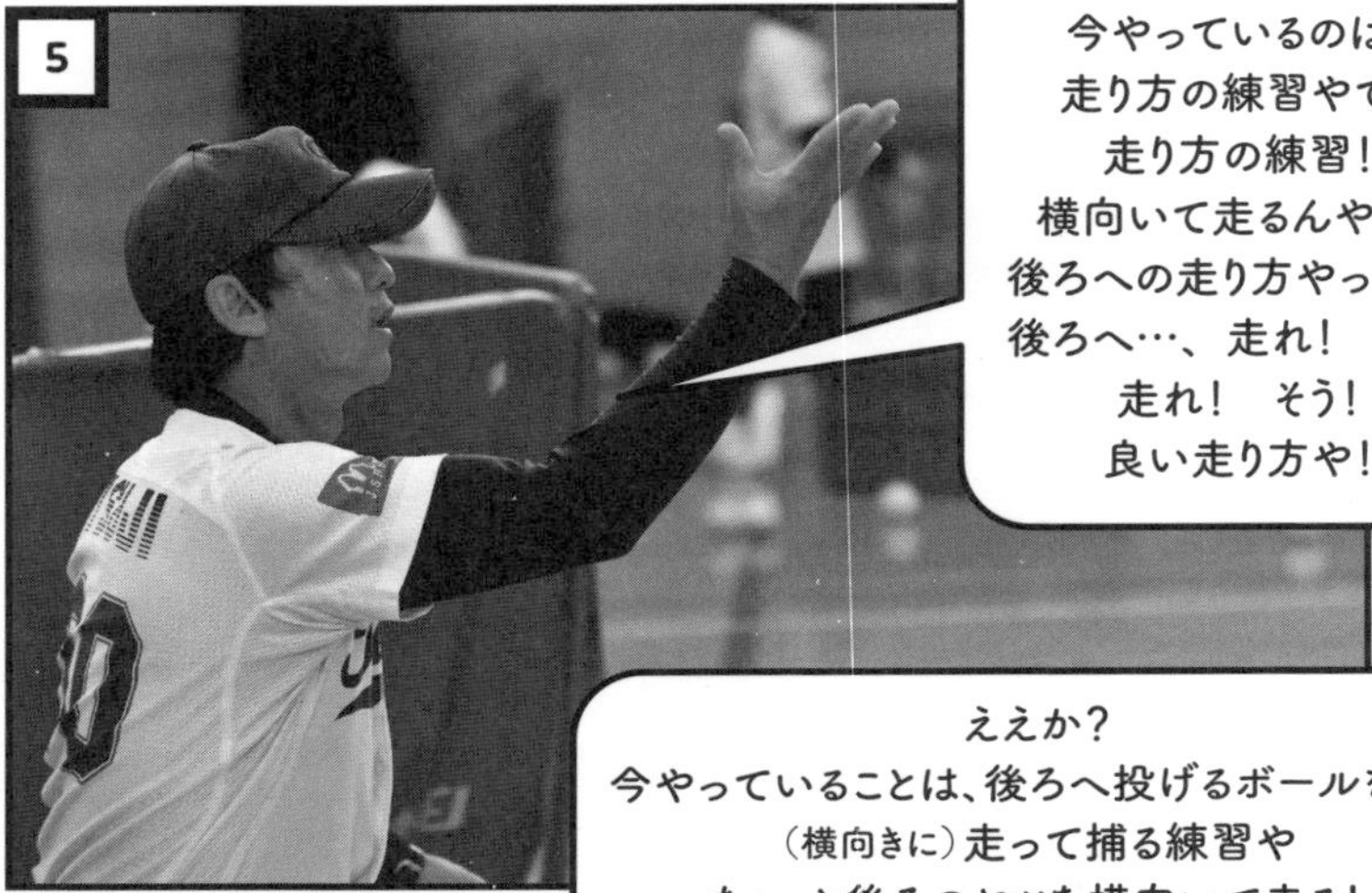
ええか～
今やっているのは、
走り方の練習やで！
走り方の練習！
横向いて走るんやで！
後ろへの走り方やってる！
後ろへ…、走れ！　そう！
走れ！　そう！
良い走り方や！

6

ええか？
今やっていることは、後ろへ投げるボールをこう
（横向きに）走って捕る練習や
ちょっと後ろのヤツを横向いて走る！

7

捕れへん人はどうなっているかと言ったら、
（正面のまま下がる形で）こうなっている
こっち向いて走ったらもう遅いで！
分かった？

実録・子どもを夢中にさせる「魔法のテクニック」

8
体はこっち（横）向いて、顔だけボール向いて、こう走る！分かった人！（※子どもたち「は〜いっ！」）全然聞いてへんやん（笑）なんで分かったんや
はい、分かった人！
9
「はいっ!!」
ホンマか？　本当に分かったな？　よし、行くぞ〜！
はいっ！　横向きに走る〜！　そうそう！　上手い、上手い！
10
はい、行くぞ〜！　走り方やぞ〜！　そう！　その走り方！　（また別の子に対して）行くよ〜！　はいっ！
11
あ〜！　後ろ向きに走ったぞ〜！　捕れなくてもいいから、今やってるのは走り方！　（ある程度進んで）よし、ボール集めしよう！　よーい、ドンッ！

★「フライを捕る（縦移動）・バックハンド」

1
よ〜し、じゃあ今度は
逆向きやな！
（何球かやったところで
子どもたちが交錯したのを見て）
ちょっと待って！
（長椅子を置いて）終わったら
あのイスを上って、渡ってこっちへ
戻ってくるんや！　分かった？
落としたボールは
もう拾わんでええからな！
あそこのイスに乗って、
渡ってから帰ってきてな！
はい、行くよ〜！

2
はい、横向いて走る！
そう！　その走り方！
上手い、上手い！

3
グローブを出すんは
ギリギリにして、先走ろう
グローブは最後に出すから、
それまでしっかり走ろう！

4

「“声掛け”や“導き”で変わる」

実録・子どもを夢中にさせる「魔法のテクニック」

5
グローブは最後やで～！
先に腕振って走る！
グローブは最後！
はい、ボール集めて休憩～！
TSUJI 30

実際の
辻ボイス

6
ええか？
先に走って、グローブは
最後に出すんやで！
分かった人！
（適当に返事をした子に）
聞いてへんやん（笑）
「は～いっ！」

7
何言った？
分かる人！
そうや！ 天才！
走ってからグローブ出す

8
みんな、よう聞いててね！
グローブは最後に出すから、
先に腕振って走ろう
先に走って、最後にグローブ出そう

9

ええか？
分かった人！

10

ホンマかいな（笑）
よし、じゃあ行こうか！
「はいっ!」

11

（1人目）はい、グローブは最後！
そう！
（2人目）グローブは最後！
早いぞ～！
（3人目）最後！　そう！
（4人目）最後！　オッケー！
（5人目）走れ！　そう！
（6人目）走れ！　先に走る！
（7人目）走る！　上手～い！
（8人目）走る！
グローブ出してるやん（笑）
最後にグローブ出すんやで！
分かった？
（9人目）走る！　そう！
（10人目）走る！　そうや！
（ある程度続けて）よ～し、よし、よし！
だいぶ良くなった！
じゃあボール集めっ！
よ～～い、ドンッ！　速い速い速い！

「"声掛け"や"導き"で変わる」

実録・子どもを夢中にさせる「魔法のテクニック」

12

(※ボール集めの最中にネットへ
向かって投げ始める)
よし、あれ(ネットの向こうにいる保護者)
は鬼や、鬼!
向こうに鬼おるぞ! 行け〜!
行けっ、投げろ!
お〜、すごい!

13

鬼やぞ、鬼やぞ!
行け行け〜!
鬼がおるぞ〜!

14

メチャクチャやな(笑)
よ〜し、(ボールを)集めよ〜!
ここ(カゴ)に入れてくれるか!
よーい、ドン!

実際の

辻ボイス

★「フライを捕る（縦移動）・バックハンド＋投げる」

1

さぁ、もう1回行くぞ～！

今度はイスを渡ったら、捕ったボールは網（ネット）に（投げ）入れてな！

（1人目）はい、走れ！　オッケー！

（2人目）走れ！　そう！

2

はい、行くで～！　走れ！

ちょっと後ろへ投げるからな～！

（1人目）走れ！

（2人目）はい、後ろ！

（3人目）はい、後ろ！

（4人目）後ろ！　そうそう！

（5人目）走れ！

グローブ早いぞ～！

実際の
辻ボイス

★「フライを捕る（縦移動）・フォアハンド＋投げる」

1

よし、じゃあ反対行こう！

（※ベンチとネットの位置を移動）

（体験生の）〇〇君な、こっちの足（右足）はこっち（クロスさせる方向）に向けるんや

そうそう！　行ける？

体は横向いて、顔だけこっち（前）へ向いて走ったらええねん

「“声掛け”や“導き”で変わる」

実録・子どもを夢中にさせる「魔法のテクニック」

よし、行こう！ 走れ！ そうそう！
上手なってきた！
（次の人に）はい、走れ！
グローブ出すのは最後やぞ！
（次の人に）走れ！ オッケー！
（ある程度続けて）
よ～し、ちょっと休憩しよ～！
2

実際の
辻ボイス

（※休憩中に体育館の壁へ向かってボールを高く投げ始める）

楽しいのはいいけど、
なんか（飲み物を）飲んできぃや！
（※保護者へ向けて）
楽しいほう（気持ち）が
勝っているから、しんどいのを忘れている
無理にでも飲ませてあげてください
3

☆「フライを捕る（横移動）・バックハンド&フォアハンド」

1
はいっ、集合っ！
遅い遅い遅い！ やり直し～
集合っ！ 遅い遅い！
はい、やり直し～
集合っ！
今は後ろのボールを
練習したな
じゃあ今度は横の
ボールを練習しよう
走りながら捕る
練習をしよう
分かったか？
できるか？
できるわけないやろ（笑）
よっしゃ、やろうか！
「は～いっ!!」
「は～いっ!!」

2

実際の
辻ボイス

はい、（バックハンドから）行くで〜！
（1人目）はい、走れ！
（2人目）はい、走れ！
イスに乗って戻ってな！
（3人目）はい、どんどん行け！
（4人目）どんどん行け！
後ろ通ってイスに乗っていってな！

3

おぉ〜、カッコいい！
ナイスキャッチー！

はい、今度は反対（フォアハンド）やな！
反対向きに走ろう！
（1人目）走れ！　惜しい！
もうちょいや〜！
（2人目）はい、走れ！
（3人目）はい、行け！　オッケー！
（4人目）はいっ！　惜しい！

4

5

実際の
辻ボイス

（1人目）はいっ！　おぉ〜！　ナイスプレーやぁ！
（2人目）走れ！　上手〜い！　もうちょいや〜！
（3人目）走れ！　行ってみ〜、飛んでみ〜！
（4人目）走れ！　お〜！　捕った〜！　ナイスキャッチ〜！
みんな上手なってきた！　一気に上手なってきたなぁ！
（5人目）行けっ！　すご〜い！　メッチャ上手いやん、みんな！
天才軍団やで、天才軍団！　多賀の天才軍団やで！
（ある程度ポンポン続けて）はい、ラスト〜！　よ〜し、ボール集め〜！
ボール集めてから休憩〜！

実録・子どもを夢中にさせる「魔法のテクニック」

よし、集合！
ええか〜、次は
ショートバウンドの練習な
ショートバウンドって知っている人！
（※子ども「はいっ！」）
ショートバウンド分かる？
分からんよなぁ、見ててや！
（※正面から投げてもらって捕り方をみせる）
手首使って、パパンッと捕る！
分かる？
コツは、手首をこうやること
（背屈からスナップを利かせる）
こうやって、パパンッ！
分かった？

★「ショートバウンドを捕る」

1

よし、じゃあ行くぞ〜！
（1人目）はいっ！　次！
（2人目）はいっ！　次！
（3人目）ショーバン！
（4人目）ショーバン！
おぉ〜！　上手〜い！

2

3

（1人目）はいっ！　惜しい！
（2人目）テキトーやんか（笑）
（3人目）はいっ！　おぉ、すご〜い！

4

（1人目）はいっ！　上手〜い！
（2人目）はい！　おぉ、上手〜い！
（3人目）さぁ行くぞ！　さっき捕ったぞ！
はいっ！　お〜！　入った〜！
おめでとう〜！
何か「当選、カランカラン！」みたいなヤツないかぁ（笑）

5

（1人目）惜しい！
（2人目）惜しい！
（3人目）惜しい！
（4人目）上手〜い！
（5人目）オッケー！　上手〜い！
（ある程度ポンポン続けて）
よ〜し、ボール集めよう！

実際の
辻ボイス

★「スピードガンで球速を測定する」

1
お父さん、すぐに「何キロ」か
読み上げてやって！
（※子どもたちが
スピードガンに興味津々）
2
さぁ〜！　測るで〜！
（※ボールを転がして捕球から
しっかりステップして投げさせる）
保護者「75！」
3
保護者「70！」
子ども「70？　よし！」
おぉ！　えぇボールや！
4
保護者「75！」
お〜、70出た！
すごいなぁ！
5
保護者「87！」
お〜、これは速い！
子ども「よっしゃ〜！」
6
保護者「68！」
走ってくるんやで！
もっと走って来い！
走って来い！
（ある程度続けたら）
よ〜し、じゃあ
片付けしよか〜！

実際の 辻ボイス

★「バッティング練習」～練習終了

よし、外でバッティングや！
1人5球で交代な～！

1

5球やで、5球！（※保護者へ向けて）お父さん、お母さん、ボールが（フェンスを）越えたらお願いします

2

お～！　ナイスバッティング！
お～、当たった！
お～！　すごいなぁ！
よし、ボール集め行こう！

3

はい、もう監督疲れたから
終わり～（笑）
今日はもうこの辺にしといて～
終わりやで～
はい、気を付けっ！
ありがとうございましたっ！
KANDI.N
50
SEITA ICHIYAM
76
GENSHI.U
44

4

「ありがとう
ございました～っ!」

実際の
辻ボイス

★「森で遊ぶ」

1
よし、最後に森行こうか！
このでっかい木に
当てられるか？
行けっ！　おっ、すごい！
（ボールが当たらず）
さよなら～！（笑）
（ボールが当たって）
おっ、すごい！

2
じゃあ3人で同時にやろうや！
せーの、はい！
おぉ～、全員当たった！
すごいな！　全員天才や！

3
はい、じゃあ
今度はあそこの
丸太に乗ってきて！

実際の
様子

子どもを導くテクニック❼
考える間を与えずに成功体験を増やす

経験の少ない子どもたちの指導で大切なのは、とにかくたくさんの成功体験を積ませてあげることです。最初の段階としては、グラブでボールをギュッとつかませてあげることと、野球というスポーツにおける成功体験のスタートは「ボールを捕ること」で、投げることや打つことはその後だと思っています。まずは子どもたちがグラブを構えているだけでボールが捕れるように、こちらからグラブに向かって転がしてあげたり（ゴロ）、放り込んであげたり（フライ）することが重要です。そして、成功したら「入った〜！」「上手〜い！」「天才や〜！」としっかり褒めてあげる。そうやって子どもたちに「自分は何だか大成功を収めたんじゃないか」という感覚を与えれば、成功する喜びを求めて「もっとやろう」という気持ちになってくれます。

また、指導者は「失敗は当たり前」と考え、いかに流れ作業で進めていくか。1球ずつ間を置いて集中させたりすると変に緊張感が出てきて、失敗したときには大きくガッカリしてしまいます。ですから、落ち込んだり考えたりする時間などは与えずに

「はい、次〜！」「どんどん行こう〜！」とポンポン進めていく。そうすると子どもたちも1つの失敗をあまり大きなことだと受け止めないわけで、それが習慣になっていけばミスを恐れずに積極的なプレーができるようになります。

子どもを導くテクニック❽
「楽しさ」を確認したらいったん目を逸らす

幼児や初心者と関わっていると指導者はどうしても気持ちがグッと入り込み、子どもたちが楽しんでいる笑顔だけを見て満足しやすいものです。しかし、子どもたちの反応ばかりに近づきすぎると周りが見えなくなり、「このメニューをこのまま続ければ良いな」という発想に陥って、本質を見失ってしまいます。大切なのは子どもたちに楽しませながらも、しっかりと段階を踏んで技術を上達させ、さらに自分で考えて取り組めるように仕向けていくこと。周りで見ている保護者も、心の底には「野球をやることで子どもが成長してくれる」という期待があるはずなのです。

ですから私は常に保護者の顔色も気にしながら、「親が満足できるような育成ができているかどうか」と自分に問い掛けています。そして、子どもたちを見て「よし、ちゃんと楽しんでいるな」という姿や表情を確認したら、目の前の状況からパッと目を逸らしていったん気持ちを離すようにしています。そこからすぐ「次はどうしようかな」と育成プランを頭に思い描き、習得させたい技術を決めたら「じゃあ楽しみながらその動作を続けるにはどうすればいいか」という発想でメニューを考えていく。つまり、「いかに楽しませるか」という部分は後付けで考える〝手段〟であって、先に考えているのは「どうやって育成するか」というその日の〝方針〟。まずはメニューを提供し、しっかり楽しませたらすぐに目を逸らして育成プランを冷静に考え、また次のメニューを提供する。その繰り返しをしているのです。

保護者の方々も最初こそ「本人が楽しんでくれればそれでいいんです」とは言うのですが、子どもの成長とともにだんだん「上手くなっているかどうか」「試合に出られるかどうか」「活躍できるかどうか」「勝てるかどうか」と楽しみ方は変わっていくものです。その中で、野球が「ただ楽しいだけ」のものだったとしたら、あまり長続きはしません。一方で、普段から「野球を始めたらこんなに成長するんだ」という育成の楽しみ方まで教えてあげられていれば、野球に対する価値も感じながら親子での

め り込んでいくでしょう。私たち指導者が期待されているのはそういう部分だと思っています。

子どもを導くテクニック❾
瞬時にアイデアを出してすばやく決断する

私たちのチームでは、小1の12月までは全員を低年齢の子どもとして扱い、幼児&初心者の育成メニューを練習のメインにしています。ただ、練習するグループの顔ぶれは毎回変わるため、子どもたちがそれぞれのメニューにどういう反応を見せるのか、常に顔色を見ることが必須です。いくら「今日はこの練習がハマった」という手応えがあったとしても、それが翌日の子どもたちにも当てはまるとは限りません。「これをやれば必ず上手くなる」という正しい練習でも、子どもたちの様子を見て「あまり噛み合っていないな」と感じたのであれば、それは「良い練習」とは言えないわけです。

私の感覚では、基本的には「この練習はどうかな」とまず軽くジャブを打っていくイメージを持っています。そこで子どもたちの動きや表情などを見て、「合っていないな」と感じた場合は「これは止めよう」とスパッと切り捨て、すぐに別のメニューへと切り替える。もしくは「上手くこなせてはいるけど集中力がないな」と感じた場合は、「じゃあ2人ずつ競わせよう」などと同じメニューの中にアレンジを加えていく。いずれにしても子どもたちの反応を敏感に察知し、そこに合わせて一瞬でメニューを変えてあげることが大切です。

なお、アレンジの仕方については、子どもたちを観察しながらそれぞれに興味があるものを把握しておき、それを上手く利用するようにしています。たとえばボールを捕る練習をしているとき、目印として置いてあるカラーマーカーに興味を持っている子がいたら、「じゃあボールを捕ったら、そのまま走ってマーカーの穴の部分に置いていこう。全部のマーカーに入れたらゴールや!」。あるいは落ちている石に興味を持っている子がいたら、「よし、ボールを捕ったら石を1個上に積んでいこうか。どれだけたくさん積めるかな?」。そうやって目的を「ボールを捕ること」から「マーカーにボールを置くこと」「石を積み上げること」にすり替え、ボールを捕ることはそのための手段にしてしまえば、子どもたちは集中して取り組むようになります。

練習では常に工夫を凝らし、子どもたちに興味を持たせていく。「５球連続打ちで、５球目を打ったら走る」「ボールを持っている人にタッチされたらアウト」と決め、鬼ごっこのような遊び感覚で試合をするのも盛り上がる

こうしたアイデアを私は現場ですぐに閃くのですが、それは常に「もっと良い方法はないか」と頭をフル回転させ、パッと思いつくように習慣づけているからこそできているのだと思います。子どもというのは、単純なことでコロコロと興味が変わっていくものです。そして、こちらとしては興味を持っているうちにその部分と野球の練習をつなげていくことが重要で、言ってみれば「その場しのぎ」で反射的に対応しなければならない。「さて、どうしようかな」などと時間を掛けて悩んでいたら遅いわけで、1秒くらいで瞬時にメニューを思い浮かべ、「よし、じゃあ次はこれをやろう」とすばやく決断することが大事です。

子どもを導くテクニック⑩森で遊ばせる

子どもによっては、いくらマンツーマンで丁寧に指導をしてもボールを捕ったり投げたりすることになかなか興味が湧かなかったり、また集中できずにパッとどこかへ行ってしまったりするケースもあります。ここで「頑張って練習しようよ」というスタンスを押し通しても、子どもたちは振り向いてくれません。では、そんなときはどうするか。私の場合は「多賀町が田舎である」という利点を生かし、まずは滝の宮スポーツ公園に隣接する森へ連れていくようにしています。

おそらく人間の本能なのだと思いますが、子どもたちは自然と触れ合うことが大好き。「森へ遊びに行こう！」なんて言うと、すごく嬉しそうに走っていきます。ここで私はボールを持っていき、大きな木を指差して「このボールをあそこに当ててみよう！」と言います。子どもたちが投げてみると、なかなか当たらなかったり、また上手く当たっても真横に跳ね返ったり。しかし、この不規則な反応がすごく面白いようで、バーッとボールを拾いに行っては、夢中になってまた当てようとします。完全に遊びの世界で、子どもたちはもちろん「森で遊んでいる」としか思っていないのですが、好奇心を持ちながらも実は自然と投げる動作の習得にもつながっている。これこそ、私が追い求めているものです。また森には木の枝や木の実が落ちていたり、丸太が転がっていたりもします。これも「上手く利用できないか」と考えますし、たとえば「丸太に乗って立ってみよう」と言うだけでも、体のバランスを取る感覚が身についたりします。

ちなみに「森で遊ぶ」というのは多賀町の環境だからこそできることですが、必ずしも森である必要はないと思っています。子どもたちが喜ぶのであれば、別に河原でも草むらでも何でも良いと思いますし、場所が都会だったとしても「こんなところにこんなものがあるよ」と、逆に自然ではない部分で子どもたちの興味を引くものが何かあるはず。肝心なのは、自分たちに与えられている環境の中で使えるものをフル活用するということです。たとえば青空が広がっていたとして、ずっとそれを見上げている子がいたとしたら、空に興味があるわけですから「ボールを投げたらあの場所へ行って空を見上げる」というのを1つのメニューにしてしまえばいい。興味があることと野球の練習をつなげて一連の流れにしてしまえば、子どもたちは「空を見る」というゴールのために「ボールを投げる」という動作を続けることになり、自然と上手くなっていきます。

多賀少年野球クラブ
ある1日の「幼児野球&初心者体験」

Case.3

★練習開始〜「ボールを投げる(足固定)」

1

(※流れでぞろぞろと人数が集まってきて、各自で挨拶してスタート)
よし、じゃあ投げる練習な〜
せ〜のぉ、ドンッ!
よし、どんどん行こう!
せ〜のぉ、ドンッ!

2

はい、ボール持って!
せ〜の…
まだ言ってないぞ〜!
せ〜のぉ、ドーン!
よっしゃ〜!
はい、こうやって(形を作って)
せ〜のぉ、ドーンッ!
おぉ! ナイスボールや!
みんな速く
なってきたな〜!

3

よし、2か所で行こう!
ホームベースを2つ置いて…
よし、行こうか!
行きましょか!
ほな行きましょか〜!(笑)
せ〜のぉ、ドーン!
おぉ、すごい! あんなところまで
放れるようになってきたんか!
はい、(肩を揺らして)ここ柔らかくして、
柔らかくして、ドーンッ!
おぉ〜! すご〜い! オッケーイ!

4

せ〜の、ドンッ!
オッケー! もうこっち
(隣の距離が長いほう)行けるわ
こっち行き! はい、行くで〜!
行け! ほら、放れるようになってきた!
天才や! おっしゃ〜!
だいぶ速くなってきたな!

実際の
辻ボイス

☆「ゴロを捕る（前進＋競争）」

よし、じゃあ2か所で
競争しよ〜！
ええか〜、「よーい、ドン」で
前へ来て、捕って
ここ（バケツ）へ入れるんやで！
（1組目）はい、よ〜い…ドンッ！

ええぞ！
速い速い！
速い速い！

ここ（バケツ）へ入れて！
はい、回れ回れ！

戻れ戻れ！
速い速い！
どっちや、どっちや！
はい、一番〜！
（2組目）さぁ、行くで〜
よ〜い、ドン…言うたら行くんやで〜（笑）
（※子どもたち爆笑）
よ〜い……ドンッ！
行け行け！　速い速い！
はよ戻れ！　はよ戻れ！
はい、ゴール〜！

（※アレンジ1／左右のゴロ）
じゃあ今度はちょっと難しくするぞ〜
横っちょに放るからな〜！
よ〜い、ドンッ！
（※アレンジ2／バウンド）
次はもっと難しいぞ！
（ボールが）跳ねるぞ！　ええか？
よーい、ドンッ！
（※アレンジ3／ボール1つ）
よし、じゃあ次、ケンカになるやつや
ボール1つしかないぞ！
1つやぞ！　どっちが捕れるか
よーい、ドンッ！
ほらほらほら！
1つや！　1つやぞ！
どっちだ！　はい、勝った〜！
（※アレンジ4／5人でボール4つ）
よし、じゃあ全員（5人）で行くぞ！
全員やけど、ボールは4つしかない
1人が捕れないぞ〜
頑張れよ〜！　よーい、ドンッ！
ほらほら！　あそこにもある！
速い速い！　よっしゃ〜
はい、じゃあ休憩〜！

実際の
辻ボイス

☆「フライを捕る（足固定）」

次はフライの練習な
順番な！　1人5回で交代や
で、落としたボールは全員が拾いに行って
ここ（投げ手のバケツ）まで持ってきてください
ええか？　落としたボールを誰が捕るかやで！
捕ったらここ（バケツ）に入れていくんやで
落としたらみんなが捕っていいんやで

実際の
辻ボイス

（1人目）はい、
顔のところで構えて〜
はい、1球！
あっ、落とした！
はい、行け行け！
持ってきて、持ってきて！
はい、2球！
3球！
4球！　落とした！落とした！
競争！競争！
みんな横にいときや
落としたらすぐ拾えるで
ラスト、5球！
はい、交代〜！

はい、次！
（2人目）1人5球ずつな
横向く〜！　構えて〜！
落としたボールはみんなで競争やで！
ええか〜、みんな見とこう！
1！　おぉ！
2！　おぉ〜！
3！　全然落とさへん！
4！　はい、落とした落とした！　競争や！
5！　すごいなぁ！
はい、交代〜！

実録・子どもを夢中にさせる「魔法のテクニック」

はい、行くぞ～！
1！　2！　3！　4！　5！
すごい、全部捕りよった！
もう簡単やなぁ！
（全員がひと通りやって）
はい、じゃあ休憩しよう！

4

実際の
辻ボイス

5

（※休憩中に子どもたちがフェンスを越えるように投げ始める）
あっちへ全部投げたら、今度はこっちへ投げてくるんやで
おぉ～！　越えた！
おぉ～！　すごいなぁ！

6

横にステップして勢いつけるんや
もう越えた？
うそ～？　俺見てへんで（笑）
行けっ！　あぁ、もう越えるわ！
おぉ、行った！　すご～い！

★「バッティング練習」～練習終了

1

バット持ってきて～！
よ～し、バッティング行こう
1人5球ずつな
振ったら戻すんやで～
（1人目）はい、1！
はいっ、戻す！
2！　戻す！
3！　戻す！
4！　おぉ！
5！　すご～い！
はい、交代～！

2

はい、行くで～！
肩に乗せて～！
1！　振り戻す！
2！　肩まで！
3！　ハイ！肩へ戻す！
4！　戻す！
5！　交代～！
すごーい！　天才や～！

3

（※子どもたちが勝手に動き始めて
危険になってきたのを見て）
お母さん方、そこのベンチ持ってきて～！
はい、次の人はここに座ってくださ～い！
ここ座って待っておくんやで
その次は誰？　はい、じゃあここ！
終わったらまたここへ戻ってきて座るんやで

実録・子どもを夢中にさせる「魔法のテクニック」

4

はい、見ててな
みんなで数えよう!
イーチ!　ニー!　サーン!　シー!　ゴー!
はい、座って座って!
座らんかったら打てへんで〜

5

はい、みんなで数えるで〜
ええか〜、イーチ!　ニー!
サーン!　シー!　ゴー!

よし、もう終わりやぞ〜!
終わるぞ〜!　もう帰ってや!
誰が挨拶言ってくれる?
(※1人の子ども「ありがとうございました〜!」)
(みんなで)ありがとうございました!
おぉ、ええ挨拶やなぁ!
ええ挨拶や!
はい、みんなとっとと帰ってくださ〜い!(笑)
またな〜!

実際の
辻ボイス

子どもを導くテクニック⓫親が一緒に子どもたちの列に並ぶ

特に幼児の場合、最初のうちは練習をしている場所からスッと離れ、付き添いの保護者のもとへ行ってしまうケースがよくあります。ここで保護者の方々は「あそこに並ぶんやで」「あっちで練習しな」などと言ってしまいがちなのですが、私は「そういう促しは絶対にしないでくださいね」と伝えています。なぜなら、いくら親が指示をしてその子が練習場所にまた向かったとしても、本人の中ではまだ興味が湧いておらず、結局はまた親のもとへ戻ってしまうからです。大切なのは親が無理やり引き離すことではなく、子どもが「あっちで楽しそうなことをやっているな」と興味を持って自然と離れていくまで待つことです。

とは言え、何度もフラフラと戻ってくるようでは、保護者もヤキモキするでしょう。その場合に勧めているのは、保護者自身が子どもと一緒に練習している場所まで行き、そのまま他の子どもたちが並んでいる列に入ってしまうことです。そうすれば子どもは安心してその場所に留まりますし、順番が回ってきたら何となく練習に参加するようになる。そうやって流れを作っておいて、子どもが捕ることや投げることに興味を持ち始めたら保護者がスッと離れていけば良いのです。

子どもを導くテクニック⑫
大人の都合ではなく子どもの都合に合わせる

私たちは幼児や初心者の体験に力を入れていますが、だからと言って、決してみっちりと時間いっぱいに詰め込んで練習しているわけではありません。練習時間は1時間半〜2時間と言いながら、実質は1時間強。途中で小まめに休憩を入れますし、練習が物足りないと感じるくらいで終わりますし、だいぶ余白は作ります。

特に気を付けているのは、大人の都合で考えないことです。たとえば、練習の段取りを説明して「ここまではやり切ろう」などと言うと、本人はやりたくないのに練習する時間が生まれてしまう。したがって、「これ以上やっても悪影響だな」と感じたらスパッとその練習をやめます。また、「そこへ並んで順番にやろう」と言っても、列を乱す子もいれば順番を抜かす子、途中で抜けてしまう子なども必ず現れるのですが、それもまったく咎めません。

そもそも、この年代の子どもたちは、「最後まできっちりやりなさい」「ちゃんと並びなさい」と言ったところでその通りにならないのが普通です。そのときに「物事をきっちり進めたい」という大人の都合で考えて強制すると、子どもたちはストレスを感じて、逆に野球から気持ちが遠のいてしまいます。私としては「みんなでこの練習をきっちりやろう」ではなく、「練習できる環境は作っておいて、練習する方向へ導く声掛けもするけど、やるかやらないかは自由だよ」という感覚。あくまでも「子どもの都合」に大人が合わせていくことが大事です。

そのためには、寛容な心を持つことも必要です。たとえばまったく練習をせずにその日が終わり、保護者から「本人が自分で行きたいって言ったのに、練習せずにすみません」と頭を下げられることもあるのですが、私は「いやいや、ここへ来てくれただけでもう十分ですよ」と返します。そして、本人にはこう言います。

「今日はよう滝の宮（グラウンド）に来てくれたなぁ！　せっかくやから最後、森で遊んでから帰るか？」

このときは実際に森へ行って木の枝や木の実などを拾い、本当に遊ばせるだけ。それでも子どもたちの気持ちが明るくなれば、「ここは遊びに来るところなんだ」「また来たいな」と思ってもらえます。野球のグラウンドには「苦しいところ」というイメージがありますが、本来は「楽しいところ」なのです。

そして、指導者は寛容な心を持ちながら、子どもたちにどうやって興味を持たせるか、常に工夫をしていくこと。どの子にどんな練習が合うのかは人それぞれですが、ここでグッと気持ちが乗っていくようなメニューを提供できたら、その子は自然と集中するようになります。最初は5分ともたなかったのが15分やるようになり、自ら列に並ぶようにもなる。そうやって必ず成長するものなので、焦らずにやり続けることが重要です。

子どもを導くテクニック⑬
自然と危険を回避できる工夫をする

野球はバットやボールなど、使い方によっては危険な道具を扱うスポーツなので、練習のときには少なからずリスクもあります。子どもたちが危険な状況に陥ったときにどうやって回避するか。指導者は、その部分の対処法も引き出しとして持っておかなければなりません。

私の場合ですが、前提として「危険予知の大切さを学べる」というのも野球の良さだと考えているので、一歩間違えたら命に関わるようなケースでなければ、少々のケガなら経験しても良いと思っています。練習中も「つまづいて転ぶ」「ボールが体に当たる」くらいのアクシデントは起こり得ることです。ただし、「人と思い切りぶつかる」とか「近くに人がいる中でバットを振る」というのは危険。とは言え、幼児や初心者に「危ないで」といくら注意したところで、本人たちはその先にどういうことが起こるかという想定もできていないので、何が危ないのかピンと来ていません。また、「危ないから○○してはいけない」という規則で縛り付けていくと、好奇心もだんだん薄れてしまう。ですから、こちらが練習の危険度を下げるように調整してあげることが大切です。

たとえば、流れ作業でグルグルとローテーションしながら後方フライの捕球をさせているとき、ボールの行方を追っていた子の進路に別の子がいて、ぶつかってしまうことがよくあります。そういう場合はベンチなどを持ってきてやや離れたところに設置し、「ええか〜。今度はボールを捕ったらあのベンチの上を渡っていこう。で、ジャンプして降りたら、あのネットに向かってボールを投げて、それからここへ戻って並ぶんや」などと伝えます。つまり、その練習をアトラクションのように変えて興味を持たせながら、さらに「ベンチの上を渡る」という動作を追加することで移動ルートを変更し、子ども同士がぶつかりそうな場所に留まることを自然と回避させるわけです。

あるいは、バッティング練習（5球交代）で一人の子がまだ打っているのにもかかわらず、その打席に入っていこうとする子もいます。その場合の危険回避にもやはりベンチは有効で、少し離れたところに設置して「打ち終わったらここに並んで座って、みんなで声を合わせて5つ数えていこう」などと伝えます。そして、バッティングのタイミングに合わせて私が「さぁ行くで～。イーチ！　ニー！　サーン！　シー！　ゴー！」と声を出すと、子どもたちは一緒に大きな声を出しながらバッターを見るようになり、フラフラと近づいていくことがなくなります。

最初のうちは、こうした工夫を重ねながら練習を重ねていくことが大事です。そして、慣れてくればだんだん予測ができるようになり、「ここにいたら誰かとぶつかってしまうな」「周りをしっかり見ていないとボールが当たってしまうな」ということも自然と分かるようになります。

なお、子どもによってはこちらがボールを投げようとしているところに邪魔をしてきたり、またバットを振り回しながらフラフラと歩いたりといったケースもあります。そういう場合、一般的には練習を中断して「何してんねん！　危ないやろ！」と叱るケースが多いのだと思いますが、私は「そんなん危ないからやめてや」と軽く流しながら、練習しようとしている子どもたちと向き合うほうを重視します。これはもちろん、いざというときにはその子の面倒をそれぞれの保護者に任せられるからこそできることでもありますが、その子なりに別の興味があってその行動をしているわけで、そこでビシッと叱りつけて子どもの自由を奪うよりも、好奇心を潰さないようにしながら「こっちではもっと楽しいことをやっているんやで」という姿を見せたほうが良いと思うからです。そして、練習の進行を妨げられても軽く反応する程度で流してあまり取り合わないようにしていると、別のことに飽きた子どもたちは自然と寄ってきます。そのタイミングで「よし、やるか」と声を掛け、成功したら全力で褒める。そうやって「野球って楽しいんだな」と思わせるようにしています。

子どもを導くテクニック⑭
見た目や持ち物を褒めてコミュニケーションを取る

初めてグラウンドに来た子どもというのは、やはり不安を抱いているものです。そんな中で野球を気軽に始めてもらうためには、できるだけ不安を取り除いて「楽しい場所なんだ」と思わせることが大切。特に最初に与える印象は重要なので、私はたとえば「よう来てくれたなぁ！」と声を掛けながらハイタッチで歓迎したりしています。

そして、もちろんその子が野球に興味があるとも限らないので、そこからは野球以外の部分でコミュニケーションを取っていく必要があります。話のきっかけとしてちょうど良いのは、見た目や持ち物などです。たとえばグラブを持ってきていたら「これカッコええなぁ」と褒めたり、洋服や靴の色を見て「この色が好きなん？」と訊いたり。また、プロ野球チームの帽子やユニフォームを身につけてくる子もわりと多いので、そのチームの話をしたりもします。あるときには阪神タイガースのユニフォームを着ている子、読売ジャイアンツの帽子をかぶっている子が同時に来たので、「お前ら、（芸人の）阪神・巨人やないか！」と言うと、保護者のほうが笑ってくれました。またあるときは、色の付いたメガネをかけた子が来たので、「カッコいいメガネしてるなぁ」。子どもはメガネに対してわりとマイナスなイメージを抱いていることも多いので、それを褒められて悪い気はしないと思います。

こうした服装や持ち物というのは、本人やその家族が少なからずこだわりを持っているものです。そして、その格好でグラウンドに来るということは、「そこに触れてもらいたい」というメッセージだと捉えています。こちらがそれを感じ取り、まずはその話題で盛り上がれば、その親子は気持ちよく練習に臨めるのではないかと思います。

また、会話や行動の中から、その子が何に興味があるのかという情報を得て、しっかり覚えておくことも大切です。親も知らないような学校での情報、習い事での情報などを聞いておいたりすると、次に来たときの会話のネタにもできますし、ふとしたときにその話題を出せば子どもたちは喜んでくれます。人数が多いとなかなか1人ずつ細かい会話をするのは難しくなりますが、それでも何となく喋りながら「何が好きか」「最近は何にこだわっているのか」くらいは分かります。そして、その子が練習で集中力を欠いてしまっているとき、「そう言えばこの子はこれが好きだったな」という部分が頭に残っていれば、練習メニューのアレンジをすぐに思い付くこともできます。

子どもを導くテクニック⑮
簡単なプレゼントを渡して思い出を残す

体験に来る子どもたちは、必ずしも自分から「グラウンドに行きたい」と希望したわけではなく、親からの勧めで「よく分からないまま連れて来られた」というケースもあります。ただ、いずれにしても1日1時間半～2時間の体験で「もう十分かな」と思わせてしまったら、2回目はありません。ここで想像を超えるような楽しさを味わわせて、いかに「また来たい」「まだやりたい」という気持ちを与えられるか。指導者は「子どもたちに野球の体験をさせているんだ」ではなく、「自分たちが指導力を試されているんだ」という感覚を持つことが必要です。そして、練習の中身はもちろんですが、練習前後での子どもへの接し方も重要です。

あるとき、体験の子が1人、親に連れられて来たことがありました。開始予定は昼だったのですが午前中から来ていたので、本人に「ちょっと練習するか？」と訊いてみたところ、ずっと下を向いている。どうやら親が野球好きで一緒に来てはみたものの、周りの子どもたちが楽しそうにワイワイやっている様子を見て圧を感じてしまっていたようです。そこで私は「お父さん、体験は13時から16時までやっているんで、その時間帯にもう1回来るのはどうですか？」と伝え、その子にちょっとしたプレゼントを渡しました。それは、パカッと割れてしまった軟式ボールにペンで顔を描いたもの。割れ目がちょうど口の部分になっていて、私が「ほら、見てみ。これ、口や。開くやろ」と言うと、その子はニコッと笑ってくれました。そこで「ご飯食べて昼から来るか？」と言うと、「うん！」。その後、お昼になるとバーッと勢いよくこちらへ来て、初心者体験では夢中になって練習に取り組んでいました。そして帰りに「今日はどうやった？」と訊くと「もう終わり？　また来たい！」と言ってくれました。

こうしたケースもあるので、私はチーム内で「割れて使えなくなったボールも捨てずに取っておくように」と言っています。そして「このまま捨てたらゴミになって迷惑になるし、また新たにお金が掛かる。でもここに顔を描いて〝ＴＡＧＡ〟って書いたら、今日の思い出が残るんや。これは体験に来た子ども全員にあげるからな」と。

あるいは、森で拾った木の枝でも石でも、子どもたちにとってはその日の思い出になることがあるので、やはり持ち帰らせたりもします。そうやってちょっとしたプレゼントできっかけを与えるだけでも、子どもを喜ばせることはできるのです。

第3章

「低年齢の育成が野球界を救う」

チームを活性化させる
“逆流”発想力

チーム内での大反対を乗り越えて活気をもたらしてくれた「幼児野球」

多賀少年野球クラブは私が1988年に立ち上げたチームですが、低年齢の子どもに関しては長らく、しっかりと育成・指導をするシステムを作っていませんでした。一般的によくあるように、小さい子の面倒は野球経験のあるお父さん方に任せる。そして私たち指導者は、毎年トップチームを見ながら「5~6年生を育てて何とか強くしよう」と考えていました。また、しばらくは「多賀少年野球教室」などと称し、そこにコーチを置いて任せたりもしたのですが、子どもを上手く扱いながらしっかりと楽しませてくれている一方で、そこに「育てる」という部分がないため、その子たちが成長してチームに上がったときにつながるものは何もありませんでした。

そんな中で「幼児野球」に力を入れるようになったのは、サッカー界が低年齢からテコ入れをして人を集めているという部分に興味を持ったからです。幼稚園などでは幼児だけでサッカーチームを作って普通に試合をしていますし、また彼らを対象としたサッカー教室もある。野球でもそういうことができれば、もっと可能性が広まるのではないかと考えたわけです。

もちろん、幼児というのはまだ「理性」よりも「本能」で行動する部分が多く、こちらが言った通りに動いてもらうことはすごく難しいものです。ただ、私の中には「子どもの好奇心には絶対にフタをしない」「本能の部分を大切にしたまま野球に集中させる」「自由にやっている子を容認する」ということが大事だ、というこだわりがありました。そして、練習をまったくやらずに虫を見つけて遊び始めた子に対しても、「その虫に興味を持っていること自体が好奇心。これを潰したらこの子が好奇心を抱くこと自体を潰すことになる」と考えていた。ですから、最初のうちは「なんで子どもを注意しないでほったらかしにしてんの？」という空気が漂っていました。

しかし、それでもジッと我慢し、保護者にもその意図を説明しながら練習を続けていると、少しずつ幼児たちも野球を楽しみ始めてどんどん上手くなっていき、雰囲気が変わっていきました。また私たちの場合、各学年のチームを完全に分離して練習させることはなく、お互いが刺激を得られるように、なるべく同じグラウンド内で練習できるようにスケジュールを組んでいます。その時間帯に「幼児野球」も組み込んだことで、幼児と小学生が触れ合う機会が増加。ここからチーム全体に活気が生まれて、「強い多賀」から「楽しくて明るい多賀」へと変化していったのです。さらに、幼児の保護者たちもグラウンドを見ながら「3〜4年生はメチャクチャ上手いな。ウチの子もああいうふうになれるのかな」とイメージするようになります。そうやってだんだん野球にのめり込んでいき、たくさん相乗効果が生まれていきました。

実はこの「幼児野球」、私が提案したときはチーム内で大反対を受けました。それはなぜかと言うと、私たちには2か月に1回というローテーションで行う「見守り当番制」があるから。これは毎日2人くらいの設定なので、「幼児まで見ることになったら手が回るわけがない」というのが保護者からの第一声でした。そこで私が言ったのは、「じゃあ幼児（実際には小1の12月まで）に関しては当番制を採用せず、練習時間を短く制限して、親が必ず付き添うことを条件にしよう」。そもそも幼児に野球をさせる場合、普通に考えたら親は心配だから見守るだろうし、グラウンドにポンと預けてどこかへ行ってしまうことなんてまずありません。そうすれば当番の「見守りさん」もそこを見ておく必要はないですし、現実的にも可能じゃないかと。そうやって説得し、「幼児野球」が実現しました。

話は少し逸れますが、何か新しいことを始めようとした場合、最初は必ず大反対を受けます。なぜなら「今のままでちょうど良い」と思っている人が一定数いるからです。逆に大反対を受けないということは常に無難な選択をしているわけで、言い換えれば「まったく進化していない」ということ。「この部分がダメだ」というところにばかり目を向け、新しいことをやらないようではチームとして長続きせず、いずれは衰退してしまいます。それよりもまずは挑戦してみて、それが大失敗だったらすぐに中止するか、もしくは「もうちょっとこうすればいいんじゃないか」と考えて修正すればいいだけの話。私はそういう発想で物事を考えています。

そして、大反対からスタートした「幼児野球」は現在、私たちのチームを支える一番の目玉コンテンツになっています。サッカーはボール1つを使うだけでルールも分かりやすく、また基本的には走ってボールを蹴るだけなので比較的安全なほう。一方、野球はバットとボールを持つので危険性も高いのですが、このマイナス面こそ利点で「周りに目を配らないと危ないよね」という危険予知の大切さを教えることができます。そして子どもたちの視野は広がるし、集中力も高まるし、動体視力も鍛えられる。こんなスポーツはなかなかありません。さらに子どもにとって難しい「捕る」「投げる」という技術を早いうちから身につけておくことで、小学校3〜4年生あたりになれば、もうある程度の高いレベルで試合ができるようになる。チームの底上げという意味でも、「幼児野球」にはすごく大きな価値があると思うのです。

さて、「幼児野球＆初心者体験」で子どもたちを一定のレベルにまで引き上げたら、先に述べた通り「初心者コースはもう卒業！」。そしていよいよ学年ごとのチームへ入り、実戦に基づいた練習へと入っていきます。では、そこで行うメニューにはどんなものがあるのか。全体で行う通常練習や守備のメニュー、バッティングの基礎などを紹介していきましょう。

通常練習●アーム式マシンを使った1か所バッティング

私たちは通常練習として、マシンを使った1か所バッティングをいつも行っています。これは、言ってみれば「勝手に上手くなる仕組み」です。一定のリズムでポンポンと放たれてくるボールをバッターはひたすら打ち込み、守備に就いている他の子どもたちはとにかく飛んできた打球を捕り、ネット（もしくは送球を受ける役割の大人）へ向かって投げていきます。だいたい2分間隔でバッター交代となり、その都度、守備位置も「ライト↓センター↓レフト↓ショート↓サード↓セカンド↓ファースト↓キャッチャー（小1くらいだとまだ危ないので大人がサポート）↓ピッチャー↓バッター」の順にローテーション。これを繰り返すことでバッティングの数、生きた打球での守備練習の数、内外野すべてのポジションの経験などを積み重ねることができるので、非常に効率が良いのです。

なお、この練習を積みながら守備をある程度こなせるようになってきたら、小学校1～2年生であっても紅白戦を行います。子どもはもちろん、それを見ている親もやはり試合は好きなので、まずモチベーションが上がります。ルールは3アウト制に加えて、1イニング2点で強制チェンジ。そうすれば「大量失点でずっと守備が続く」ということがなく、点を取られても「次の攻撃で2点取ろう！」とすぐ切り替えることができます。また、抑えたら抑えたですごく盛り上がり、何よりも攻守交代のテンポが速くなるので疲労が少ない。そして1イニングの球数も抑えられるので、全員にピッチャーを経験させることもできます。普通であれば、打たれ続けたりボール球が続いたりすると嫌なイメージがついて「もうピッチャーをやりたくない」という子が

全員でローテーションしながら
バッティングと守備の経験を積む

出てきてしまいますが、点数制限があればどんなに失敗しても「どうせ2点止まりだ」と思えるので、「ストライクが入らなかったらどうしよう」ではなく「自分も投げたい」となるのです。さらにバッターも押し出しばかりでは面白くないので、少々のボール球なら打っていく。全体的に積極的なプレーが生まれるようになります。

守備●ランダウンプレー

野球では常に動きながら捕って投げるというプレーが大半です。そのための準備として有効なのがランダウンプレー。「多賀」ではウォーミングアップとしてもよく取り組んでいて、子どもたちに「走りながら捕って投げる」という習慣をつけています。

方法としては複数人でグループを作り、2か所のベースに分かれます。そして一方がボールを持ちながら走者を追うつもりで走り、もう一方が距離を詰めながら「投げろ！」「来い！」などと声で合図を出す。そしてボールを投げてもらい、グラブで捕ったらすばやく手に持ち替えて今度は走者を追うように走っていきます。これを繰り返していくことで、動きを体に染み込ませていくわけです。なお、技術的なポイント

複数でグループを作って
挟殺の動きでリレーをする

ですが、投げ手は受け手が捕りやすいようにするために必ずボールを見せながら走者を追い、偽投（投げるフリ）はしないこと。また、相手のベルトよりも低いボールは投げないこと。やや高いボールはジャンプしながら対応することもできますが、低いボールが来ると足が止まってしまい、走りながら捕るということができないのです。

守備●壁際に立って近距離ノック

子どもたちに打球の速さに慣れさせて反応スピードを磨きたいときなどには、10メートルほどの近距離でノックを行います。壁際に立ってもらい、5本連続でポンポンとノックを打って、とにかくボールを止めて後ろへやらないように意識させるのです。こちらもウォーミングアップを兼ねて行うことはよくあります。

この練習では声掛けにも工夫が必要です。たとえば、子どもたちに防具をつけさせて「これなら大丈夫だから怖がるなよ」と言うと、「これから危険なボールを打つからな」と言っているのと同じこと。逆に恐怖心を煽ってしまいます。そうではなく、「お前らにこのボールが捕られてたまるか！　捕れるもんなら捕ってみろ！」などと

10mの距離で
5本連続ノックを行う

TSUJI
30

言って対決する構図を作ると、子どもたちも自然とボールへ向かってくるようになります。またあるときは「今からこのボールはコロナウイルスや。お前の後ろには地球人が全部いる。コロナを止めて正義の味方になるのか、それとも後ろの地球を滅亡させてしまうのか。すべてはお前に掛かっている。行くぞ！」と言ったりもします。そうやってゲーム性を持たせると、すばやく反応するようになるのです。

打撃●スイングの基本を確認する

初心者を卒業して体力がある程度ついてきた段階まで来たら、私たちが基本にしているスイング「多賀打ち」を意識していきます。

まずは両足を肩幅よりも少し広げます。そしてヒザを軽く曲げてバッティングの構えに入るのですが、ここでヒザを前に出す形になると力が逃げてしまいます。理想的なのはお尻をクッと引いて後ろへ出しているような形で、目の前にある物を押すときに力が入れやすい下半身の状態を作ること。つまり、地面に一番力が伝わりやすい体勢です。ここから体をグッと少し捻って後ろ足のほうへ向け、バットの芯を頭の後ろ

チームが意識する「多賀打ち」

にくっつける。これが「多賀打ち」の構えになります。

さらにチェックポイントとしてはグリップの位置が肩のラインにあることと、前ヒジがストライクゾーンへ向いていること。こうしておいて、あとはボールが来たタイミングに合わせて両肩を一気に入れ替えるように体を回していくと、バットが前ヒジの延長線上（ストライクゾーン）に向かって伸びていき、体のラインと平行な「レベルスイング」で強く振ることができます。なお、前足のステップの仕方などは自由ですが、足を上げたときには腰の位置が体の真ん中でキープできているかどうかが重要。前足を上げたと同時に腰が後ろ足側へ移動すると、力が入らなくなってしまいます。

チームに初めて来た子の技術レベルは「野球歴」を参考にして見極める

私たちのチームでは個々のレベルを見極めるとき、まずは第1章で述べたように「グラウンドを行き交うボールのスピードにしっかり対応できるかどうか」という守備のレベルを基準にしています。チームによっては人数が非常に少なく、小学校3〜4年生あたりでも6年生のチームに入って練習せざるを得ないケースがあると思いますが、その子の能力とあまりにも大きくかけ離れたグループで練習していたとしたら、レベルアップの効果は期待できません。むしろ練習を重ねるたびに恐怖心が増えていくので、結果的にはマイナスになってしまうことが多いでしょう。子どもたちを上達させるためには、いかに不安や恐怖を取り除いて、自信を持ってプレーできるようにしてあげるか。繰り返しになりますが、これは必須の条件だと思います。

その上で、私は子どもたちの「野球歴」も重視しています。これは「多賀少年野球クラブに何年在籍しているか」ではなく、「野球を何年経験してきたか」という意味です。たとえば小3のお兄ちゃんと幼稚園（または保育園）年少の弟など、兄弟で一緒に入部を希望してくることもよくありますが、野球が未経験なのであれば年齢に関係なく、2人とも「野球歴1年生」。ですから、まずは必ず「幼児野球＆初心者体験」に参加してもらいます。当然、体格も違えば技術を習得するスピードも違うわけで、お兄ちゃんのほうはその日のうちにすぐ卒業というケースも多いです。ただ、いずれにしても野球を始める大切な導入部分であることに変わりはなく、「捕ることから始めよう」「次は投げることを覚えよう」と、野球の基礎はひと通り身につけさせておく必要があるのです。

ここまで聞くと「幼児や年下の小学生と一緒に練習していることが恥ずかしくてプライドが傷ついてしまうのではないか」とか「疎外感があり、同じ学年の練習に早く行きたくなるのではないか」と思われるかもしれません。しかし実際のところ、彼らはみな楽しそうにしながら一生懸命に取り組んでいますし、そもそも本人も「初心者だ」と自覚しているわけで、「指導者にしっかり教えてもらいたい」という気持ちのほうが強いようです。

そこに加えて、チーム状況が功を奏している部分もあります。

私たちの場合は入部にしても体験にしても「誰でも来てもらって良いですよ」と扉を広く開放していて、実際に滋賀県内の各地域から子どもたちが来ていますし、県外から通ってくる子もいます。つまり、もともと同じ学校で知り合いだった子たちが集まっているわけではないので、感覚としては「グラウンドで野球をする仲間」。見た目で明らかに年上・年下というのは分かっていても、スタートの時点での自分の立ち位置に変なプライドを持っていないのです。よく「グラウンドでは先輩も後輩も関係ない」などと言われたりしますが、スポーツをやっているときは本当にそういう感覚が出てくるものです。さらに言うと、吉本興業などのお笑い芸人の世界ではないですが、芸歴（多賀で言えば野球歴）が長ければ年下でも何となく最初は先輩っぽく見える、というのもあると思います。

さて、一方で他チームから移籍して来る子、あるいは遊びでもそれなりに野球の経験を積んできた子が体験・入部するケースも少なくありません。その場合はひとまず、その子を同じ学年のチームに入れて様子を見ていきます。そして、そのレベルに対応できていればそのまま残し、難しそうであれば下の学年のチームに落としたり、初心者コースで基礎から教えたり。そうやって判断しています。

ちなみにかなり稀ではありますが、まったく野球をしたことがないのにもかかわらず、いきなり「捕る」「投げる」が出来ている子もいます。私たちのチームにもそのパターンの子がいて、彼は小5のときに「入部したい」と言ってきました。一般的に小学生は3～4年生あたりからチームに入るケースが多く、5年生から野球を始めるというのはかなり遅いほうです。まして私たちの場合は低年齢のうちから力を入れて育成している分、3～4年生ともなればすでに「野球歴」が長く、初心者とは明らかにレベルが違う。初心者体験に来た3〜4年生の保護者もよく「もっと早く野球を始めさせれば良かった」と仰っているくらいです。

そんな中、彼のプレーを見てみると、なぜかひと通りの技術が備わっていました。親御さんによれば「平日の放課後に公園で遊んでいただけで野球をやったことはありません」。ただ、よくよく話を聞いてみたら「多賀」の選手が同級生に2人いて、普段から一緒に遊びながらボールの投げ方や捕り方を教わっていたのです。そして、「多賀」に入って一緒に野球がやりたくなったのだと。これを聞いて、私はものすごく嬉しくなりました。野球の楽しさを少しでも広めることができているわけですし、しかもそのきっかけを与えたのが「多賀」の子だった。その成長も非常に喜ばしいことです。そして、子ども同士で教えていても上手くなるわけですから、ある意味、私たちがやっている練習は間違っていないということでもあります。低年齢から指導に力を入れることで、プラス面はすごく多いなと実感しています。

褒めることから始めてストレスを取り除く声掛けや雰囲気作りで明るいチームへ

野球界には「大きな声を出してチームを盛り上げることが大事」という風潮がありますが、無理やり声を張り上げたところで活気が生まれるとは限りません。まして、それが指導者からの命令によって強制的に出されているものであれば、子どもたちも「何でもいいからとにかく声を出せばいいんだ」という発想になってしまい、重苦しい雰囲気は変わらないでしょう。

では、「多賀」の場合はどうか。決して「みんなで声を出そう」などとは言っていません。ただし、私たち指導者がいつも褒めているのはどういう部分か、子どもたちにも着眼点を理解させた上で、「まずはその部分を一緒に褒めていこう」とは言っています。たとえば普段から浸透させているのは、「フルスイングをしたら褒める」ということ。振り遅れて空振りをしようが、手を出したのが明らかなボール球だろうが、とにかくフルスイングができたことに対して拍手をしながら全員で「ナイススイング！」と褒めていくのです。そして、その後で「今のはボール球やったからヒットになりにくいな」「少し振り遅れていたからもうちょっと早めに動いたほうがええんちゃう?」と、反省の声を出していけばいい。最初に褒められてから課題を指摘された場合、本人は「次にもっと良くなるためのアドバイスだ」と前向きに捉えることができます。これは野球において、すごく意味のある声掛けだと思います。

このように大人も子どもも「まずは褒める」という習慣をつけ、いきなり否定から入らないように意識しているので、私たちのチーム内には「野球で失敗したら叱られる」という概念が存在しません。もちろん、「こういうことをしたらダメだよね」という部分は少なからずあるわけですが、だからと言ってそこに圧力を掛けることはない。ですから「多賀」の子らはどれだけ失敗してもへっちゃらで、また次の機会に向けてどんどん積極的に動いていきます。

この部分に関して私が一番気を付けているのは、他のチームから移籍してきた子です。

こんなエピソードがあります。ある日、3年生対4年生で紅白戦をしたときのこと。他チームから移籍してきたばかりの3年生がいたので、子どもたちが打順を決めている際に私が「(新入部の)○○君から打たしてあげようや」と言うと、その○○

君はパッと後ろに下がりました。そこで「一番から打たしてもらいな」と促したところ、彼はなぜか涙を流してしまったのです。いったいどうしたのか、理由を訊くと「練習は楽しいんだけど、試合は失敗したら怒られるから好きじゃない」と。また、私たちのチームには試合中のサインもない（指導者がサインを出して選手を動かす野球ではなく、普段から試合での戦略・戦術などを教え込んでおいて、実戦では選手たちが考えて判断する〝脳サイン野球〟をテーマにしている）のですが、紅白戦が始まって「（盗塁は）自分でどんどん狙って走るんやぞ〜」と声を掛けていたところ、その子が盗塁を仕掛けてアウト。そして案の定、ウワーッと泣きながら帰ってきました。要は「ミスしたらダメ」という考え方が第一になっていて、「泣くほど反省しているから、これ以上は怒らないでください」という防御本能が働いているのです。おそらく、過去には「何やってるんだ！」などと大声で怒鳴られたりもしてきたのだと思いますが、それは「指導」ではなく、ただの「罵声」。9歳にしてそのトラウマが植え付けられているというのは、ものすごく可哀想でなりませんでした。こういう感覚を持ってしまっている子については、とにかく時間が必要です。何度も失敗を経験させながら「できなくて当たり前」「チャレンジすれば褒められる」という感覚に慣れさせて

チームを活性化させる"辻流"発想力

いくしかないでしょう。

そういう意味でも、幼児や初心者のうちから練習の中でポンポンと間合いを詰め、失敗を失敗だと思わせず、何事もなかったかのように流していくという習慣をつけておくことはすごく重要です。そして、子どもたちが大きくなってもやはり否定から入るのではなく、指摘や注意などを「アドバイスなんだ」と捉えさせる工夫をすること。そのためにはもちろん、指導者の声掛けの仕方が重要になります。

同じ練習をしていても、子どもたちが楽しくなるのか、それとも精神的に苦しくなってしまうのかは、指導者の声掛けによって大きく変わってきます。私の場合、まず幼児や初心者に対しては褒めて盛り上げることを大切にしていますが、グラウンドで各学年のチームを見ているときもやはり、それぞれに活気を与えることは意識しています。「多賀」では普段からグラウンドのあちこちで各チームが同時に練習しているのですが、私が1つの場所に集中して指導を続けていると、他の場所が静かになってしまうことがあります。したがって、私は常にグラウンド内をグルグルと回りながら「さぁ〜！　良いところを見に来たで〜！」「おぉ！　ナイスプレーや！」「ちょっと見んうちにメッチャ上手なってるやん！」などと、子どもたちのモチベーションが上がるように声を掛けています。そして、その場所で「じゃあ今度はこれをやってみようか〜!」と新たに練習の仕組みを作り、ある程度見守って「上手く回り出したな」と思ったら、またすぐ次の場所へ移動。つまり、各チームの歯車がちゃんと回っているかを小まめに確認しながら、グラウンドのあちこちで活気が生まれるようにしているわけです。

また、声掛けと同時にチーム全体の雰囲気作りも重要で、ところどころにお笑いの要素を入れるようにもしています。たとえばある日、指導者が少なくて保護者にも手伝ってもらいながら練習を進めていたのですが、あるお母さんの手が空いていたので、「トラクターに乗ってノックの合間でグラウンド整備をしてください」とお願いしました。その人はメチャクチャ大人しいタイプで、最初は「いや、運転したこともないし、できないですよ」と言われたのですが、「いやいや、ここで○○さんがトラクターに乗ったら大爆笑を取れるで」と。そしてその場で操作の仕方をパッと教え、休憩中に運転をさせました。すると、スピードを出すのが怖いものだからずーっとゆっくり進んでいる。その様子を見た子どもたちが「メッチャ遅っ!」などと笑いながら、スマホで動画を撮り始めました。ここからチームがまた明るくなり、休憩後のノックではすごく雰囲気が良くなったのです。その後、私は2回目の休憩のときにも遠くにいたそのお母さんをわざわざ呼んで、またグラウンド整備をお願いしました。向こうが「同じスピードでいいんですか?」と言うので、「いや、速いほうがええやろ。アクセルはここにあるから」と伝えると、今度はスピードをガンガン出して回り始めた。2回目もまた大爆笑で、子どもたちは「いや、スピード出しすぎやで(笑)」と。さらに、一番喜んで見ていたそのお母さんの息子に対して、私が「○○、今日はそのままあれに乗って帰るんやで」と言うと、また大爆笑。1つのきっかけを作り、何気ないことにもツッコミを入れることで、周りがどんどん乗っていく。そういう会話を普段からしていると、自然と明るいチームになってきます。

そう言っている私も、昔は子どもたちに厳しい言葉を投げ掛けて跳ね返りを期待する「根性野球」を目指していました。当時も練習中にお笑い要素はわりとあるほうでしたが、自分の中ではやはり「キツイことを言ってしまったな」という後悔の気持ちが大きかった。それがストレスとなり、結果的に周りにもストレスを与えてしまっていたのだと思います。ただ、そこから子どもたちのストレスを取り除く方向へとシフトチェンジ。また、野球チームというのは「保護者は子どもを遠くから見守りながら何かあったときにサポートする」というイメージが強いものですが、「親も楽しい少年野球」も掲げました。ですから保護者にも積極的にグラウンドに入ってもらっていて、今ではみんな一緒に参加しているという空気感がある。だからこそいろいろな親子をネタにしながら明るい笑いも自然と生み出せるわけで、そうやって子どもたちや保護者に満足してもらえるようにすると、私たち指導者のストレスも自然と消えていくのです。

それともう1つ。やはり幼児や初心者の育成に力を入れていることは、ストレスの部分にもすごく良い影響をもたらしています。

野球界でよくありがちなのは、子どもが小さいうちはとりあえず放っておいて、親が少しだけ教えながらとにかく楽しく遊ばせる。そして3～4年生あたりからチームに入り、何となく練習の仕方などを教えてもらい、5～6年生になってから本格的に指導してもらうというケースです。ただ、そうやって何となくフェードインしていくスタイルだと当然、一定の技術レベルに達しない子もたくさん出てくるので、指導者も「なぜできないんだ」という感覚に陥ってしまいやすいでしょう。しかし、最初の「導入部分」に力を入れてギュッと上手くさせてから通常の練習に送り出し、あとは

「勝手に上手くなる仕組み」を作ってそこに乗せてしまえば、子どもたちは自然と上手くなっていきます。本来なら「できないのが当たり前」の3～4年生の段階ですでに基礎がしっかりと身についているわけで、指導者がイライラして怒りたくなるような要素はどこにもないのです。そして5～6年生ともなれば、小さい頃から積み重ねてきたものがさらに浸透しているので、何も言われなくても自分たちで上手くなることができる。そこまで行けば、もう指導者が手を焼くことはほとんどありません。本当に指導力が必要とされるのは、小さい子のレベルをどうやって上げるか。育成指導において「0から1に引き上げる」というのは一番難しく、できないからやらないという人も多いのかもしれませんが、そこにしっかりと目を向けているからこそ「多賀」が上手く回っているというのは、紛れもない事実です。

体験や見学に来てもらうきっかけはファンが増えたことによる口コミの力

ここ6～7年ほど、私のもとには毎週のように練習の体験や見学を希望する保護者からの連絡が来ており、実際にたくさんの子どもたちが「多賀」を訪れてくれるようになりました。そのときには保護者の方々に「きっかけは何ですか？」「どこでウチのチームを知ったんですか？」と尋ねているのですが、その多くは「知人からの口コミ」だということが分かりました。

そもそもいくら日本一になろうと、いくら野球が強かろうと、これから野球を始める子どもたちやその親は「多賀」の存在など知るはずがありません。もちろん最初のうちは本人が「このチームでやりたい」とか、親が「このチームに入れたい」といった希望も特にない。また、自分たちでインターネットを使って調べてみたところで、「少年野球」「強い」「楽しい」といったキーワードだけでは選択肢が多すぎて絞ることができません。ではどうするかと言うと、まずは身近なところで、野球をやっていたことがある知人に「ウチの子に野球をやらせたいんだけど、どこが良いと思う？」と質問するのです。そして、そこで多くの人たちが「小さいうちから始めるなら多賀が良いよ」と勧めてくれている。そうなって初めて親が「多賀少年野球クラブ」と検索し、ホームページや私のSNS、メディアに取り上げていただいた記事などが出てきて、「ちょっと行ってみようかな」と興味を持ってもらえているわけです。つまり、

チームを活性化させる“辻流”発想力

宣伝の部分で「口コミの力に勝るものはない」ということです。

私たちはそこに昔から気付いていたからこそ、今、部員増加の流れに乗れているのだと思います。

きっかけは私が指導者の資格を取得する際、講義で聞いた「野球をしている人はみんな仲間です。相手チームも、審判員も、大会の役員も、観客もみんな仲間なんです」という言葉で、そこから「自分たちが強ければいい」という発想を捨てました。そして練習試合でも公式戦でも、周りから嫌がられるような立ち居振る舞いはしないように気を付け、良いプレーが出たら相手チームであっても拍手して褒めようと意識したのです。すると自然に「多賀を倒そう」という敵対心を持っていたはずの相手チームの指導者や保護者から、「思っていたんと違った。なんちゅうええチームや」と言ってもらえるようになりました。また、審判員や大会役員の方からも褒めてもらえるようになった。そうやって「多賀」のファンになってくれた人たちがそれぞれ、周囲に「野球をするなら多賀がええで」と広めてくれるようになりました。

また私たちは、入部目的ではなくても「多賀の練習を1回体験したい」という子どもがいたら受け入れ、また他のチームの指導者が見学に来ることも歓迎しています。

そしてグラウンドの中に入ってもらい、私たちがやっていることをしっかりと見せる。昔は「すべてを明かしたくない」とノウハウを隠していた時期もあったのですが、今は逆に「惜しみなく公開して細かい部分まで喋ることで、多賀の良さがしっかり伝わる」という感覚。そうするとやはり、その人たちも地元へ戻っていろいろな発信をしてくれるようになり、またファンが増えて口コミが広がりを見せていきました。「自分たちが強くなりたい」という部分にこだわって内情を隠していた時期は、おそらく悪い噂を立てられたり嫌なイメージを持たれたりすることもあったのだと思いますが、今はどこへ行っても応援の声を掛けてもらえています。それによって「多賀」の子どもたちのモチベーションも上がっていきますし、ファンが増えたおかげで宣伝効果も抜群。まさに歯車が上手く回っている状態です。

いくら強くても、いくら良い指導体制が整っていても、いくらホームページやポスターなどの宣伝材料が充実していても、そのチームの存在を知る術がなくて体験にさえ辿り着かない状況だったら、人数が増えていくことはありません。「まずは子どもたちに体験に来てもらう」ということが大きな壁であって、そのハードルをパッと簡単に越えてくれるのが口コミです。この部分は野球界全体の未来においても、すごく重要なところだと思っています。

とは言え、私も決して、人数不足の悩みを昔から解決できていたわけではありません。もともと少年野球チームがなかった地域で小学生12人を集めてようやくスタートしたチームですし、数年前までは部員数も20人ちょっと。まだ「幼児野球&初心者体験」を本格的にスタートしていなかったこともありますが、体験希望者も少なかったのです。そんな中、当時の私はおそらく今悩んでいる指導者の人たちと同じように、一生懸命に周りに声を掛けては、募集→体験→募集→体験…という流れを繰り返していました。また、そのうちに少しニュアンスを変えて、「助っ人募集」と打ち出すようにしました。これならば、体験に来たからと言って必ずしも入部する必要はありません。そうやって野球に参加してもらうハードルを下げておき、無理やりにでも練習試合を組んであえて人数不足の状況を作り、一度来てくれた子やその親には「もう1回来てもらえませんか」と声を掛ける。入部の勧誘はせず、本人が「入りたい」と言うのを待つようにしていました。

ただ、これも1つの手段として有効ではあるのですが、やはり限界があります。と言うのも、結局は「多賀」の子やその親が知り合いに発信していくだけなので、実際に来てくれるのは親戚の子や学校のクラスメート、近所の友達あたりまで。つまり、直接的に関係性のある人たちにしか広がらないのです。一方、「全員が仲間」という発想に辿り着いてからの口コミは違います。私たちと関わった人たちが、私たちの知らないところでまったくの他人に広めてくれている。私は当初、「入部している人たちを幸せにできれば、その人たちが何十人に広めてくれる」というのが口コミだと思っていたのですが、チームの中にいる人間だけでなく外にいる人間も大切にしていくことで、口コミの力は一気に大きくなるのだと実感しました。

そして今では、体験にたくさん来てもらえているということ自体が日頃やっていることの成績表かもしれない、とも考えています。なぜかと言うと、いくら口コミが広がったとしても「あそこは強いけど態度が悪い」とか「メチャクチャ厳しいからやめたほうがいい」などと言われていた場合、「ウチは子どもの根性を叩き直してもらうくらいがちょうど良いです」と考えている親でなければ、やはり「体験させてみよう」という発想にはならないからです。口コミで「あそこは良いチームやで」と言ってもらえるような取り組みをすること。最終的に人を集めるためには、やはりそこが重要じゃないかと思います。

この流れを理解した上で、当然ながら宣伝も大切です。特に現代はネット社会ですから、ホームページを持っていることは必須。たとえば「多賀」では、口コミで私のインスタグラムやフェイスブックからスタートしても、またメディアに取り上げてもらった記事からスタートしても、「幼児野球&初心者体験」の活動時間はホームページにしか載せていないため、最後はみんな必ずホームページへ辿り着きます。このホームページは私たちのチームの看板であり、ここが充実していなければ「ちゃんとしたチームなのかな?」「本当に活動しているのかな?」などと不安を与えてしまいます。一番良くないのは、ホームページは持っているけれども何年も更新していないというケース。これは最悪で、年単位で更新が止まっていると「その後の活動は充実していないんだな」と思われるのでマイナス効果。それならばむしろ、ホームページを作らないほうが良いです。また世代が入れ替わっているのに、小学校を卒業した前年の選手がまだホームページに残っているというのも、見た人からの信用度を落とします。ですから私は小まめに更新をしていますし、子どもたちの顔写真に関しては地元の美容室「ａｆｒｉ」とのコラボで髪をセットしてもらい、プロのカメラマンにカッコ良く撮影してもらっています。もちろん本人も悪い気はしないはずですし、子どもたちの良い表情ばかりが並んでいるので、見ている人からも評判は良い。チラシを作る際も同様ですが、こうした細かい部分にほんの少しこだわるだけでも「ちゃんとしたチームなんだな」というイメージを与えることにはつながります。

子どもを育成していかに満足させるか 目指すは「子育てにも良い野球」

さて、口コミやホームページなどを利用して体験に来てもらえる流れを上手く作れたとして、もう1つ重要なのは、実際に体験をしたときにその子や親を満足させ、いかに「多賀」を好きになってもらった状態で帰らせるか、です。お腹いっぱいになるまでやり過ぎたら「もういいかな」とも思われてしまいますが、適度なところで終わりながらも初日で想像を超えるくらいに楽しませながらしっかりと上達させてあげれば、「楽しかったからまた行きたい」とリピーターになってくれます。

ちなみに幼児の場合で言うと、子どもが自ら「野球がしたい」と希望して初回の体験に来るケースはほとんどありません。まずは保護者が「子どもに何かスポーツをやらせたい」という目的を持っている。さらにお父さんが野球経験者であることも多いのですが、実は最終的に「野球をやらせるかどうか」の決定権を持っているのは、日常的に子育てに深く関わっているお母さんであることが大半です。また、そもそも「スポーツをやらせたい」「集団に入れたい」という想いだけであればサッカーや水泳などを選ぶことが多く、動きやルールが複雑な野球にはなかなか辿り着きません。そんな中でなぜ野球なのかと言うと、やはりお母さんが「阪神タイガースのファン」だとか「高校野球が好き」「野球部のマネージャーを経験していた」といったケースがよくあります。そして「自分の好きなものを子どもと共有したい」「野球という共通の話題で会話をしたい」という想いが強いのだと思います。

ですから私の中では、体験の初回でいかにその子のお母さんの心にグサッと刺さるような練習をして、「このチームで野球をやらせたい」と思わせることができるか。そこが一番大きなポイントだと考えています。そして、お母さんに連れてこられた子どもたちに対しては、一生懸命やるように促すのではなく、「楽しかったな」「また来たいな」という気持ちにさせることが大事。これをどちらも実現するためには、単純に「親子で楽しめる」というだけでは不十分です。また、「多賀」では部費として幼児と小1が月1000円、小2以上は月2000円と設定していて、これは通常の習い事と比べれば破格の値段。しかし、それでも「安いから毎週行こう」とはなりません。たとえば子どもたちが大好きなテーマパーク――ディズニーランドやユニバーサル・スタジオ・ジャパンが月1000〜2000円でアトラクション乗り放題だったとしても、じゃあ家族で毎年、毎週土日をずっと通い続けるかと言うと、現実的にそうはならないでしょう。つまり、「楽しい」「安い」だけで長続きはしないのです。

では、親が一番求めているのは何なのかと言うと、「子どもの成長のためになっているかどうか」だと思います。言い換えれば、やっている練習の中に「育成する」「上達させる」という柱があるかどうか。楽しそうな様子を見守りながら、なおかつ子どもがしっかりと成長していくのを実感できれば、親は多少の労力を惜しまずに行動するものです。

実際、私たちのチームには滋賀の県内全域だけでなく、京都、大阪、兵庫、奈良、三重、岐阜、福井などから車で毎回数時間かけて通ってくる子もいますし、「通うのは難しいから」と家族でこちらへ移住してきたケースもあります。また一番遠いところでは現在、なんと関東地方から通っている子もいます。その子に話を聞いてみると、もともと地元の強豪チームにいたのですが、そこは「教えた通りのことを徹底してやればいいんだ」という指導スタイル。そんな中で「多賀」の存在を知り、練習を体験してすっかりハマってしまったようです。そして入部してからは、自分なりに考えて工夫することを認めてもらえることや、さらにいろいろとアドバイスをもらえることがすごく嬉しいのだと。金曜日の夜に向こうを出発して週末だけ借りているこちらのアパートに入り、土日を経てまた関東へ戻って地元の学校へ。親の負担も相当ですが、本人には「1時間でも1分でも長く多賀にいたい」と言うほど熱意があり、「何とかやってみようか」と考えて今の形になった、とのことです。

そこまでして「多賀」に来る価値があると思ってもらえているのはやはり、家庭や学校だけでは気付かない部分の「子育て」が存在するからでしょう。お金や時間、往復で運転するツラさなどをすべて含めても「子どもの成長」と天秤にかけたら、後者が勝つのです。

だからと言って、「多賀」は決して教育をメインに打ち出しているチームではありません。そもそも私自身が少年野球を「教育の場」としては捉えておらず、規律などを学ぶのは「それぞれが家や学校でやってください」という考えです。ただ、スポーツ少年団だからこそ学べるものがあり、野球をすることによって子育ての悩みが解消される部分も大いにあると思っています。

たとえば「多賀」では全員で整列してグラウンドに挨拶することはしませんが、それは「この時間に来なさい」「みんなでキレイに並びなさい」といったルールで縛りつけたくないからです。そもそも「感謝する」という意味でグラウンドに挨拶が必要ならば、すべての道具や施設にも挨拶しなければ辻褄が合いません。子どもたちの目的はグラウンドで野球をすることであって、野球を上達させることで「嬉しい」「楽しい」という気持ちを生み、さらに成長できるようにサポートしてあげることが指導者の役割。グラウンドで形だけのルールを忠実に守らせることが目的ではないのです。もちろん、挨拶などはお互いのコミュニケーションの部分でも大切だと思いますが、来た人から順番に挨拶を自然と交わせるのであればそれで十分。それでも現に子どもたちはメチャクチャ気持ちの良い挨拶をしてくれていますし、むしろ開始時間だけを設定しておいて、そこに合わせてそれぞれが自分で時間を見ながら考えて行動していくほうが、学べるものは多いのではないでしょうか。

そういう発想で子どもたちと接しているので、実際に保護者の方々からはよく「子育ての勉強になります」とも言ってもらえます。また大会などで遠征に出た場合は、できるだけその土地でしか味わえないものを体験させてあげようと思っていて、時間が空いたときに観光名所を回ったり、海に入ったり、山の中で自然と触れ合ったり、博物館に行ったりもします。そういう経験をすることで子どもたちの知識が増え、感性も豊かになり、良い思い出として記憶にも残る。「野球をやったら子育てにも良いですよ」と、自信を持って言える環境を作ってあげることは、すごく大切なことだと思っています。

幼児や初心者にきっかけを与えるためにも野球へのハードルはできるだけ下げる

昨今は少子化に加え、他のスポーツの発展もあって「野球人口が減っている」と叫ばれていますが、そんな中で私たちのチームはどんどん人数が増えて、今や総勢120名を超える大所帯となっています。これは先ほど話したように、体験や見学にたくさん来てもらえる流れと、実際に体験に来た子を育成する流れの2つをしっかりと確立できているからだと思います。

そうやって1年ずつ過ごしている中で、体験希望者の人数には増減のペースがあり、大きな波が3度やってくるということも感じています。

まずは当たり前のことですが、寒い時期にはあまり希望者がおらず、基本的には気候的に暖かくなってきた春からがスタート。ただし、4月は年度初めで親の仕事が忙しく、子どもも学年やクラスが新しくなって慣れていないのでまだ少ないほうです。また「野球を始めたら休みがなくなる」と考える親が多いため、5月のゴールデンウィークまでは家族で過ごすことを考える。ですから1度目の波が来るのは、大型連休が明けて落ち着いてきた5月半ばから7月前半あたりまでになります。そして7月になると学校が夏休みに入るため、パッタリと足が止まります。親としては「この時期に野球を始めさせたら、暑くて辛いからすぐ辞めてしまうのではないか」と考えるわけです。そうこうしているうちに夏休みが明け、学校にもまた慣れてきて9月中旬から10月中旬。ここが2度目の波です。この時期は少し涼しくなるので動きやすく、また運動会なども多くて親が子どもの身体能力を確認できるというのも理由としてあると思います。そして11月以降はだんだん肌寒くなってくるのでやや減っていくのですが、3度目の波は12月から1月。これは、もともと他のチームに所属していた子が、シーズンを終えたタイミングで移籍を考えることが多いからです。

そして、特に体験希望者が増えるこの3度のバブル期は、自分たちの野球を知ってもらえる大きなチャンスです。いくら事前に情報を得ていたとしても、やはり子どもを連れてくる親は「実際にはどういう指導をするんだろう」と不安なものですし、最初から「多賀に絶対入れよう」と意気込んでくる人は非常に少ない。あくまでも「数ある選択肢の1つ」という感覚だと思います。ただ、私はそこで「体験に来たからと言ってこちらのことは気にせず、どのチームに入ってもいいですよ」と伝えていて、むしろ「他のチームの練習も体験してきてくださいね」と勧めています。私たちとしては「多賀」のチーム作りや指導に自信を持っているので、逆に他のチームを見ることで違いを理解してもらえるというメリットもあります。そして実際には「やっぱり多賀が良いです」と入部してもらえるケースもすごく多い。もちろん、本人やその家族が決めることなので、他のチームでやるという選択をしてもその決断を後押ししています。

なお、体験についてもう少し言うと、まずは「誰でも参加自由」としていますが、

「入部目的ではない体験希望は1回まで」とも公言しています。つまり2回目以降も参加してくるのは、少なからず入部意思があって迷っているケース。ここまで来ると子どもたちはもう練習に慣れていて、スッと入って自然と楽しんでいます。そして2回目に来た子の大半は3回目も参加し、そのまま入部していきます。

一方、この部分に関しても一番難しいのはやはり「0から1」です。あるとき、初回であまり馴染めなかった子がいたのですが、その親に対して私が「できなくて当たり前だから全然いいんですよ。また来てくださいね」と言うと、「ウチの子が迷惑を掛けて申し訳ない」というような感じで頭を下げられてしまいました。どうやら、その親としては子どもに野球をやらせたくて連れてきたものの、子どもがあまり練習に興味を持っていなかったので「無理かな」と思ってしまったようです。これには私も大きく反省をしました。親へのフォローはしたものの、子どもに何か少しでもきっかけを与えることができなければ、本人に「野球をしたい」とは思ってもらえません。そこからは第2章で述べたように「森で遊ぶ」など、野球以外の部分でも子どもの好奇心をより大事にして、少しでも楽しい気持ちを芽生えさせるようにしています。

また、そもそも野球チームに対しては一般的に「厳しい」という先入観があり、幼児や初心者の子が野球を始めるハードルが高くなってしまっている傾向があります。そして、どこか保護者が覚悟を決めて入部させるケースが非常に多い。しかし、そうやって最初から構えさせていること自体が、逆に野球人口を減らす要因になっているのではないかと私は思います。ですから、体験に来た子の保護者には必ず「ハードルが高いと思われないようにしているのがこのチームなんです」という説明をしています。いつでも休めるし、いつでも辞められるし、練習の途中から入ってきてもいいし、途中で抜けて帰ってもいい。「もともと子どもは家族のものですから、チームに入ったからと言って野球に捉われる必要はないです。そこに時間を奪われるのではなく、自分たちの普段の生活通りに過ごしてください。そして、その合間に野球がしたければここへ来てください」と。

ホームグラウンドの滝の宮スポーツ公園は「滝の宮ランド」。野球場はテーマパークのようにみんなが楽しめる場所であり、子どもたちが前日の夜から行くのを楽しみにしていて、来たいときに来て野球で遊び、充実感を得て帰っていく。そういう感覚です。そして実際、「多賀」の練習ではあちこちで子どもも大人もワイワイ楽しそうにやっている。そんな様子を見れば、初めて体験に来た保護者の心は一気に楽になるはずです。また、本人や保護者には「遊んでいる」という印象を抱かせながらも、気付いたら上手くなっているように導いているので、よく「こんなに褒めてもらえるんですか」「家でもこの練習を続けます」などと、すごく感激してもらえます。

その後、もしかしたら5～6年生になると本人やその家族がのめり込んでいき、野球に対する真剣度の比率は上がっていくかもしれません。それはそれで素晴らしいことですが、逆に「ちょっと自分には向いていないかもしれない」と感じて野球をバッサリ切り捨て、その時間を別のことに費やすのもまた1つの選択肢です。決して一生やり続けなければならないものでもない。そんなイメージで野球を気軽に始めてもらえれば、どんどん敷居が低くなって、より多くの人に野球が広まっていくのではないでしょうか。

「低年齢の育成が野球界を救う」

チームを活性化させる“辻流”発想力

辻 正人

つじ・まさと●1968年、滋賀県生まれ。近江高一近畿大。多賀中で軟式野球を本格的にはじめ、近江高校野球部に所属し三塁手として活躍。20歳のとき多賀少年野球クラブを結成し、以来、監督として指導にあたり続けている。プロ野球・東北楽天ゴールデンイーグルスの則本昂大投手は同クラブOB。「全日本学童大会」では2004年と09年に準優勝。18年、19年には優勝。「全国スポーツ少年団大会」では12年、15年に準優勝、16年優勝と全国での実績多数。著書には『多賀少年野球クラブの「勝手にうまくなる」仕組みづくり』、『ライバルに差をつけろ！ 自主練習シリーズ学童野球』（ともにベースボール・マガジン社刊）などがある。

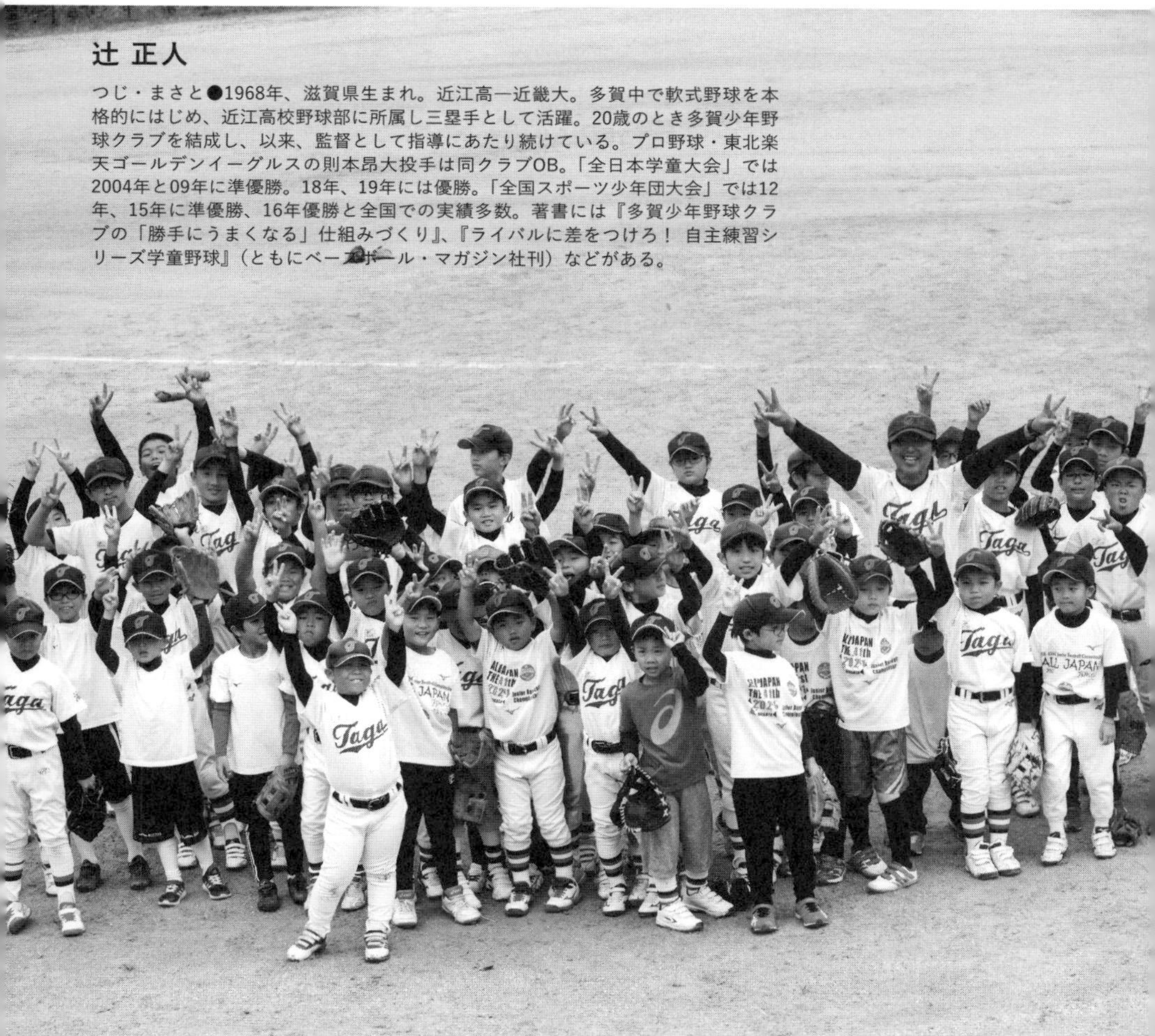

多賀少年野球クラブ

1988年、メンバー12人で設立。滋賀県犬上郡多賀町で活動している。学童野球の最高峰『全日本学童軟式野球大会』に16回出場（優勝2回、準優勝2回、3位2回）。『全国スポーツ少年団軟式野球交流大会』には出場3回（優勝1回、準優勝2回）の実績を持つ。2011年には日本代表として、イタリアでの国際ユース野球に出場し優勝も果たしている。メンバーは120人（６年生15人、５年生13人、４年生20人、３年生19人、２年生16人、１年生20人、年長９人、年中５人、年少3人、2023年8月9日現在）

多《た》賀《が》少《しょう》年《ねん》野《や》球《きゅう》クラブ 魔《ま》法《ほう》の練《れん》習《しゅう》テクニック

2023年8月31日　第1版第1刷発行

著者　辻《つじ》 正人《まさと》

発行人　池田哲雄
発行所　株式会社ベースボール・マガジン社
〒103-8482
東京都中央区日本橋浜町2-61-9　TIE浜町ビル
電話　03-5643-3930（販売部）
03-5643-3885（出版部）
振替口座　00180-6-46620
https://www.bbm-japan.com/

印刷・製本　大日本印刷株式会社

Printed in Japan
ISBN 978-4-583-11545-0 C2075